中华精神家园

悠久历史

选贤任能

历代官制与选拔制度

肖东发 主编　王金锋 编著

中国出版集团

现代出版社

图书在版编目（CIP）数据

选贤任能 / 王金锋编著. — 北京：现代出版社，2014.11（2019.1重印）
（中华精神家园书系）
ISBN 978-7-5143-3075-5

Ⅰ. ①选… Ⅱ. ①王… Ⅲ. ①官制－中国－古代②人才选拔－中国－古代 Ⅳ. ①D691.42②C961

中国版本图书馆CIP数据核字(2014)第244311号

选贤任能：历代官制与选拔制度

主　　编：肖东发
作　　者：王金锋
责任编辑：王敬一
出版发行：现代出版社
通信地址：北京市定安门外安华里504号
邮政编码：100011
电　　话：010-64267325 64245264（传真）
网　　址：www.1980xd.com
电子邮箱：xiandai@cnpitc.com.cn
印　　刷：固安县云鼎印刷有限公司
开　　本：710mm×1000mm　1/16
印　　张：9.5
版　　次：2015年4月第1版　2021年3月第4次印刷
书　　号：ISBN 978-7-5143-3075-5
定　　价：29.80元

党的十八大报告指出："文化是民族的血脉，是人民的精神家园。全面建成小康社会，实现中华民族伟大复兴，必须推动社会主义文化大发展大繁荣，兴起社会主义文化建设新高潮，提高国家文化软实力，发挥文化引领风尚、教育人民、服务社会、推动发展的作用。"

我国经过改革开放的历程，推进了民族振兴、国家富强、人民幸福的中国梦，推进了伟大复兴的历史进程。文化是立国之根，实现中国梦也是我国文化实现伟大复兴的过程，并最终体现为文化的发展繁荣。习近平指出，博大精深的中国优秀传统文化是我们在世界文化激荡中站稳脚跟的根基。中华文化源远流长，积淀着中华民族最深层的精神追求，代表着中华民族独特的精神标识，为中华民族生生不息、发展壮大提供了丰厚滋养。我们要认识中华文化的独特创造、价值理念、鲜明特色，增强文化自信和价值自信。

如今，我们正处在改革开放攻坚和经济发展的转型时期，面对世界各国形形色色的文化现象，面对各种眼花缭乱的现代传媒，我们要坚持文化自信，古为今用、洋为中用、推陈出新，有鉴别地加以对待，有扬弃地予以继承，传承和升华中华优秀传统文化，发展中国特色社会主义文化，增强国家文化软实力。

浩浩历史长河，熊熊文明薪火，中华文化源远流长，滚滚黄河、滔滔长江，是最直接的源头，这两大文化浪涛经过千百年冲刷洗礼和不断交流、融合以及沉淀，最终形成了求同存异、兼收并蓄的辉煌灿烂的中华文明，也是世界上唯一绵延不绝而从没中断的古老文化，并始终充满了生机与活力。

中华文化曾是东方文化摇篮，也是推动世界文明不断前行的动力之一。早在500年前，中华文化的四大发明催生了欧洲文艺复兴运动和地理大发现。中国四大发明先后传到西方，对于促进西方工业社会的形成和发展，曾起到了重要作用。

中华文化的力量，已经深深熔铸到我们的生命力、创造力和凝聚力中，是我们民族的基因。中华民族的精神，也已深深植根于绵延数千年的优秀文化传统之中，是我们的精神家园。

总之，中华文化博大精深，是中国各族人民五千年来创造、传承下来的物质文明和精神文明的总和，其内容包罗万象，浩若星汉，具有很强的文化纵深，蕴含丰富宝藏。我们要实现中华文化伟大复兴，首先要站在传统文化前沿，薪火相传，一脉相承，弘扬和发展五千年来优秀的、光明的、先进的、科学的、文明的和自豪的文化现象，融合古今中外一切文化精华，构建具有中国特色的现代民族文化，向世界和未来展示中华民族的文化力量、文化价值、文化形态与文化风采。

为此，在有关专家指导下，我们收集整理了大量古今资料和最新研究成果，特别编撰了本套大型书系。主要包括独具特色的语言文字、浩如烟海的文化典籍、名扬世界的科技工艺、异彩纷呈的文学艺术、充满智慧的中国哲学、完备而深刻的伦理道德、古风古韵的建筑遗存、深具内涵的自然名胜、悠久传承的历史文明，还有各具特色又相互交融的地域文化和民族文化等，充分显示了中华民族的厚重文化底蕴和强大民族凝聚力，具有极强的系统性、广博性和规模性。

本套书系的特点是全景展现，纵横捭阖，内容采取讲故事的方式进行叙述，语言通俗，明白晓畅，图文并茂，形象直观，古风古韵，格调高雅，具有很强的可读性、欣赏性、知识性和延伸性，能够让广大读者全面接触和感受中国文化的丰富内涵，增强中华儿女民族自尊心和文化自豪感，并能很好继承和弘扬中国文化，创造未来中国特色的先进民族文化。

2014年4月18日

上古时期——举贤荐能

中古时期——科举选拔

近古时期——德才兼备

近世时期——量才录用

上古时期

举贤荐能

春秋战国是我国历史上的上古时期。春秋战国时期是一个由统一而进入分裂的时代，是社会转变的时代，也是经济、文化发展的时代。

春秋战国时期的君主虽然运用礼法、刑德、赏罚和诛杀来控制群臣；群臣虽然在名分上还是按等级划分，还是拥有不同的特权，但他们已经不再是以贵族身份来行使权力，而是以君主臣仆的资格来进行治理。

因此，各个政权对官制进行某些变革，已成为历史的必然。而正是这些变革，使我国的官僚制度从简单走向完善。

春秋时期的职官制度

春秋时期各国是一个个独立的国家，各有自己的一套官制体系，因而使这一时期的职官变得纷繁复杂。不过大体说来，中原国家与西周王室关系密切，基本上是承袭西周设置而有所取舍。

如管仲的“三国五鄙”制就是沿西周时旧制，并加以重新整顿，使之健全和完善。各国还在人事管理上，制定了爵位、俸禄、考核和退休等制度。齐桓公因用管子之谋，通过改革立法使邦国日渐强盛，成为“九合诸侯、一匡天下”。

■春秋名相管仲画像

■ 古代车马出行图

春秋时期，各国职官大致有3个系统，这就是治事类职官、事务类职官和地方政权职官。

治事类职官即行政官，主要有司徒、司马、司空和司寇这4个部门。司徒、司马、司空在西周金文中称为“三司”，地位不甚显耀，到春秋时“三司”的地位突出。司寇是与西周时王宫大臣及臣仆式的官吏，向治事职官转变，即职官成为国家官吏而不是王的仆从。

司徒的官是治理民事的。“司”是掌管，“徒”指徒役，即民众服劳役及军役，百姓的户口簿等由司徒掌管。《周礼》中司徒所辖官的性质有两大类：一是各级行政长官，二是各种经济部门长官。鲁国的司徒一官长期由“三桓”之首的季孙氏担任，而季孙氏又是三卿中的总领全国大政。可见司徒一职的重要。

司马是掌军事的职官。古代重车战，兵车用马牵引，所以掌军队的职官称为“司马”。军赋的征收由

金文 是指铸刻在殷周青铜器上的铭文。所谓青铜，就是铜和锡的合金。因为周以前把铜也叫金，所以铜器上的铭文就叫作“金文”或“吉金文字”；又因为这类铜器以钟鼎上的字数最多，所以过去又叫作“钟鼎文”。金文应用的年代，上自商代的早期，下至秦灭六国。

春秋战国时期士大夫的服饰

司马负责，所以司马还兼掌土地，以保证军赋的供给。

楚国的蔿掩为司马，按不同土地条件如平原、丘陵、山林、沼泽等分别进行测量，规定出产量标准，作为征收军赋的依据。比较全面地完成了对于田制和军制的整理。楚国这一重大赋税制度的改革，是由司马进行的。

司空是掌管工程建筑和百工的。西周金文中称“司空”为“司工”。宋国改“司空”为“司城”，虽是为避宋武公的名讳而改。但改司空为司城，也反映司空与土木工程的关系。

司寇是掌理刑罚狱讼案及纠察之责的，孔子在鲁国就曾担任过司寇。司寇一名在当时还有不同的名称，比如晋国称为士、理、大士，周王室称为尉氏，楚国称为司败等。

司徒、司马、司空、司寇是中央的四大部门，在这四部门职官之上，有一人总领全国大政，当时有的国家称宰相，有的称执政，有的称当国，名称不同，实质一样。如楚国称令尹。

东周王室初由卿士担任，后由太宰居此位。但太宰这一职在西周地位很高，是王室总管，也是国事的总管。到春秋后期，各国太宰职权下降，有的仅为名誉职而无多大实权。其地位不仅比相位低，甚至在“四司”之下。

太宰地位的下降，反映了政事职官地位的上升和家臣仆役性职官地位的下降，是国家体制走向成熟的一种进步。

职官3个系统中的事务性职官，实指宫廷官吏，专为国君私人服役。包括太师、太傅、太保，宗人或称宗伯，占卜之人，史官，仆大夫等。

太师、太傅、太保本是教育太子的老师和照顾生活的师傅、保，在太子即位后他们就被尊为太师、太傅、太保。这三“太”在西周时被称为“三公”，执掌国政，像周初，周公、太公就处在师保的地位。

春秋时太保一职已不见，太师、太傅多属美称。比如：晋国阳处父和士会都曾授太傅衔，阳处父位在中军元帅赵盾下，士会则全是美称性质；楚穆王的太师潘崇，因拥立穆王有功，楚穆王令他负责警卫王宫，太师却没有什么职权。

宗伯是主管王或国君宗族事务的。西周时天子地位尊贵，既是宗族长，又是人君，故宗伯地位重要。春秋时只鲁国还有宗伯职官名，其他国家则称“宗人”，职权是主管祭祀，向神祷告，所以又称为“祝宗”，地位不高。

掌占卜的称为卜，如鲁国有“卜楚丘”，秦国有“卜徒父”，梁国有“卜招父”，晋国有“卜偃”等。“卜”是职名，即掌占卜和卜筮事务。一般称为“卜人”，楚国称为“卜尹”。

祭祀 是华夏礼典的一部分，更是儒教礼仪中最重要的部分，礼有五经，莫重于祭，是以事神致福。祭祀对象分为三类：天神、地祇、人鬼。天神称祀，地祇称祭，宗庙称享。祭祀的法则详细记载于儒教圣经《周礼》《礼记》中，并有《礼记正义》《大学衍义补》等书进行解释。

■ 春秋时期青铜鼎

占卜系统的职事之人很多，如有整治龟壳备用的，有在龟骨上钻凿孔隙的，有在上面刻字的，有做记录的如“开卜”“卜史”之类。他们皆属卜师下从役人员。

史官是在国君的身边，记录国君言行。古时国君言行有专门史官记载，记录国君的言行的制度，对国君行为也起一定的监督作用。

我国古代史官具有追求真实的优良史德。如晋国赵穿杀了国君晋灵公，当时为中军元帅执晋国政的赵盾，听到赵穿发难就往国外逃，还没有走出国境，晋灵公就被杀死，赵盾于是回到国都。

对于这件事，晋国史官却记下“赵盾弑其君”。

赵盾说：“你记得不对。”

史官说：“你是正卿，逃亡没有出国境，回来后又不讨伐杀死国君的凶手，杀死国君的罪责不是你是谁呢？”

孔子读到这一段史实后说：“董狐，是从前的优良史官，记事不隐瞒实情。”

董狐就是记下此事的晋国大史。董狐不畏权势，记下历史真实，所以后世称为“董狐直笔”。

史官为记下真实史事，有时要遭杀身之祸。齐国的权臣崔杼杀死齐庄公，齐国的大史记载道：“崔杼弑其君。”崔杼害怕留下杀君的恶名，就将大史杀死。

大史的两个弟弟接替哥哥的职事，同样记下“崔杼弑其君”的事实，崔杼又把两个弟弟先后杀掉。大史的第三个弟弟接替前三位兄长的职事，同样一字不改地记下“崔杼弑其君”的字样。

崔杼只得让他写下，没有再杀。南史氏听说大史氏兄弟全被杀死，就在竹简上写下“崔杼弑其君”的事实，拿着竹简前往大史官署。走到半道听说已记下来了，才返回。

史官在西周时有大史和内史之分，大史为左史，内史为右史。楚国有左史倚相，楚灵王称赞他能读《三坟》《五典》《八索》《九丘》等古书。

我国著名哲学家老子，是东周王室的柱下守藏史，也是一种史官。可见史官不仅具有优秀的品德，还有很深的文化造诣，方能成为好的史官。

仆大夫是宫中总管，管理着乐官、廪人、府人、司铎等。晋国韩厥在晋景公时统帅新中军，位列第七，而兼为仆大夫。

在讨论迁都的朝会上，因不能决断，景公退朝后回到起居的地方，韩厥就跟随景公进入内寝。这说明，朝会时，群臣退后，仆大夫要引导国君退朝，这是此官的职责。

职官3个系统中的地方政权职官，是中央政策在地方上的执行者。史料记载翔实的是管仲在齐国的“三国五

■ 管仲（约前723年或前716年—前645年），名夷吾，史称管子。生于春秋时期的颍上，即今安徽省西北部，淮河北岸。周穆王之后代。谥号“敬仲”，故又称管敬仲。春秋时期著名政治家和军事家。他凭借自己的才能，辅佐齐桓公成为春秋第一霸主。有“春秋第一相”之誉。

三国五鄙 是春秋时期管仲提出的政治法律主张。他把礼、义、廉、耻视为维系国家的四大绳索，绳索断了，国家就会倾斜、危险、动乱甚至灭亡。因此，只有整顿、推行礼、义、廉、耻，君主政令才会通行无阻。齐桓公因用管子之谋，通过改革立法使邦国日渐强盛，成为春秋霸主。

鄙”制，从此制可以了解当时各国地方级政权的组织情况和职官的设置。“三国五鄙”中的“国”就是国都周围方百里的范围，“鄙”就是边远的乡野。

管仲将国分为21乡，每乡分为2000家，设乡长治理。乡下是连，每连200家，设连长治理。连下是里，每里50家，设里有司治理。里下是轨，每轨5家，设轨长。

野的建置和设官情况是：全国分为5属，设属正，爵为大夫，每属9万家。属下是县，每县9000家，设县帅。县以下设乡，每乡3000家，设乡帅。乡以下设卒，每卒300家，设卒帅。卒以下是设邑，每邑30家，设邑有司。

管仲说，他这样的建置是沿西周时旧制，只是把它加以重新整顿，使它健全起来。春秋时期各国大致还是继续这一行政组织。

春秋时期由于贵族的势力恶性膨胀，在野中的不少地方成为贵族的采邑。像鲁国的费邑就成为季孙氏的封地。贵族的封地内有类似于国都的城，称为“都”。

■ 典籍《管子》

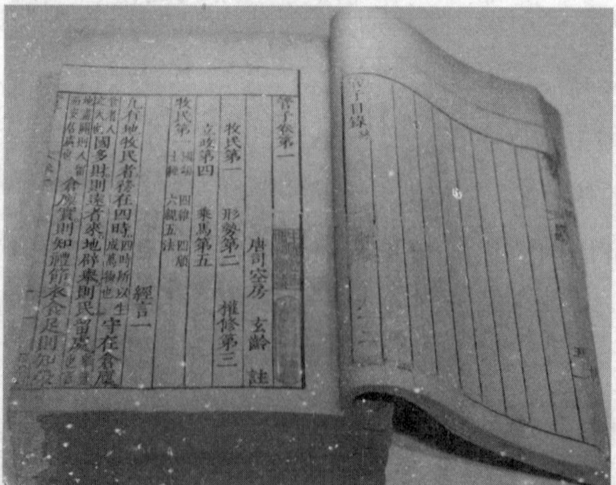

所以国君对野中控制的地区在逐渐减少，相应的是中央政权的实力随着贵族封地的扩大而削弱。于是各国在进入春秋中

■ 春秋时期的宫殿复原

期以后，一种新型的地方组织“县”就产生了。

这种县最初设在一国的边境地区，多是在灭亡小国或从别国夺来的土地上设置。这是它与过去设在野中以9000家为一县的旧县区别之一。

同旧制县的另一个区别是，县的长官由中央政府直接派遣，县的事务直接由中央管理。春秋后期，县也开始设在一国的内地，如晋国灭祁氏、羊舌氏后，以其封地设10县，由中央选派县的长官。

县的职官除主一县事务的县大夫外，以下有县师、司马、司寇等，以掌管一县的教育、民政、军事、治安。

春秋时期在人事制度管理方面，建立了官吏的爵位、俸禄、考核和退休等制度。

爵位是官吏等级的标志。春秋时官吏的爵位，是沿袭西周时的制度。大体来讲，春秋时爵分为三大等

职官 “职官”一词一般特指我国古代的官职设置制度。职官是从夏朝开始出现的。指在国家机构中担任一定职务的官吏，其内容包括职官的名称、职权范围、品级地位等。职官是从夏朝开始出现的。春秋时期的最高君主称为“王”，又称“天子”。

简册 我国古代用于书写的材料。多用竹或木制成。简是狭长的竹木片。若干简编连起来就成为册。在植物纤维纸流行以前，简册是主要的书写材料。至迟在3000多年前的商代就已经有简册了。简的宽度一般在0.5厘米至1厘米。长度视用途而异，每册简数不一，主要取决于书写的内容以及携带、阅读是否方便。

第，即卿、大夫、士。

卿是国家的高级官吏，如相、“四司”的长官，各军的军将，一定由卿担任；大夫是中级爵位，国家的中层官吏，由它们充任；士是低等爵位，充任基层官吏。

爵位还要“受命”，就是表示国君选择任命此人可以担任官职。“命”有两种，一是周天子“命”，一是国君“命”。无论是天子或国君对卿大夫授命时，都要举行一定的仪式，把加命的事写在简册上，同时赐给相应的车服器用。

春秋时官吏的俸禄是根据爵位定的。所谓“大夫食邑，士食田”。邑指“采邑”，即收取邑中人民的租税。春秋时仍是以土地为俸禄。春秋晚期出现了以谷物为俸禄。在孔子时代，实物俸禄已较普遍出现。这些拿谷物俸禄的，是出身寒微的“士”。

■ 春秋时期人像雕塑

春秋时建立了官吏考核制度。齐国从齐桓公时就建立了考核制度，每年的正月，国中21乡的乡长和野中五属的属大夫，都要到朝堂“复事”，即汇报工作。在朝会时，齐桓公看了各属的赋税完成数额后，对差的加以批评，对好的加以奖励。

春秋时期的青铜玺

春秋时还建立了职官退休制度，据古书记载年70岁为退休的年限，所谓“七十致仕”“致仕”就是退休。到了年龄一般是自动请求退休，或称“请老”“告老”或“老”。

古时人的寿命比今日短，生活艰难，贵族做官虽是“肉食者”，也是老得快的。到70岁已是高龄了，当时的官，除国君外，无论地位高低都得退休，像士会、韩厥都是晋国的中军元帅，位居宰相位，也主动“请老”。

春秋时期各个诸侯国基本还处在贵族社会状态下，因此所谓官吏基本是贵族出身。当然这个贵族社会已经开始崩溃，因此有“礼崩乐坏”的说法。

各个国家为了自己的发展只好拼命与其他国家争斗，于是春秋变成了战国。战国时期，不少国家开始实行郡县制度，于是才有了真正意义上的国家官吏。

阅读链接

士蔿是春秋前期晋献公主要谋士之一，担任司空，掌管工程建筑和百工。士蔿善于法度，从现有的史料上看，他很可能是晋国刑法的制定者。

他曾经受晋献公之命，修建晋献公儿子重耳、夷吾封地蒲城和屈城。在修城时，士蔿在墙中放置柴草，夷吾很不满，就告诉了晋献公。

晋献公责问士蔿，士蔿回答说，公子城墙如果太坚固，将来一旦作乱，就难以攻破。他预见晋国权事不一，国政将乱。

春秋时官吏选拔与考核

春秋战国时期，世卿选官制度处在逐步被削弱、被取代的过程。官僚制的兴起使官吏选拔制度发生了很大的变化。这一时期在保留旧的世卿制的同时，出现了许多新的选拔官吏的方法，有荐举、学校、游说自荐、招贤、军功、任子、吏胥等不同的选官途径。其中主要的有世官、荐举和学校培养这三种途径。

此外，各诸侯国出于争霸的需要，设立专职考核官员和兼职考核官员，对百官进行考核，重视提高其政治、经济与军事实力，以利于各诸侯国在政治、经济、军事上取得优势。

孔子论政

东周王室政权衰微，导致春秋列国的分裂局面。在诸侯争霸过程中，官员的整体素质是至关重要的，因此各个诸侯国对官员的选拔极为重视。

春秋时的职官选拔来源主要是世官、举荐和学校培养这样3种途径。

世官是指一个家族中的人世代当官。春秋时期各国官吏的来源，特别是国家的高级职官，主要来自世官。

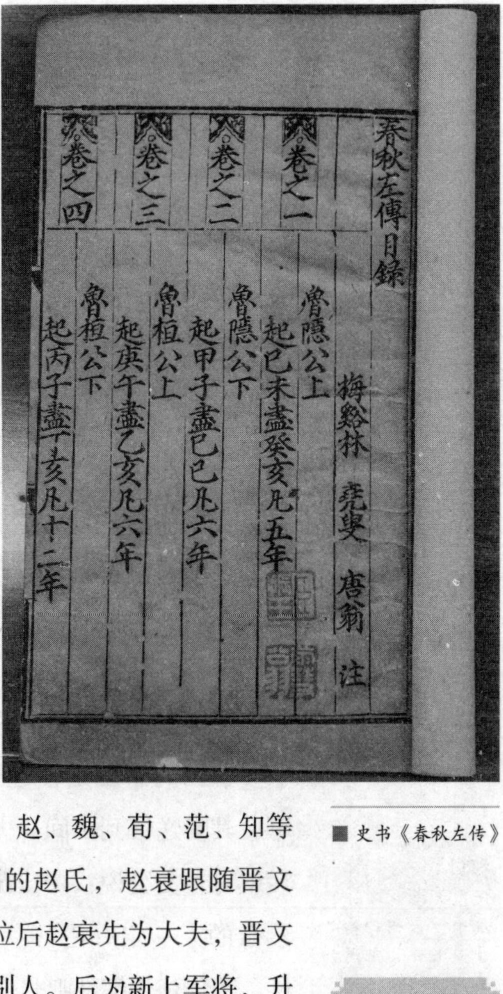
春秋左傳目錄
梅谿林　堯叟　唐翁　注
卷之一　魯隱公上　起己未盡癸亥凡五年
卷之二　魯隱公下　起甲子盡己巳凡六年
卷之三　魯桓公上　起庚午盡乙亥凡六年
卷之四　魯桓公下　起丙子盡丁亥凡十二年

■ 史书《春秋左传》

像鲁国的“三桓”，郑国的“七穆”，晋国的韩、赵、魏、荀、范、知等卿族，都是世代为官。晋国的赵氏，赵衰跟随晋文公，晋文公出亡。晋文公即位后赵衰先为大夫，晋文公让他为下军将，他推让给别人。后为新上军将，升为中军佐，位列第二。其子赵盾为卿，赵盾子赵朔为下军佐，也是卿。

大贵族的族长，都是在国家担任要职，他们死或退休，就由他们的儿子补官。如晋国上卿士会退休后，由其子士燮代替他上朝听命。韩厥告老退休，长子韩无忌因有病，由次子韩起替补其父。可见晋国的卿是世袭的。贵族年轻的子弟接替父亲任官的，当不

七穆 指郑穆公的七支后裔。他有七个儿子分别为罕氏、驷氏、良氏、国氏、游氏、印氏、丰氏，合称“七穆”。七穆中的子展、子西、子产、伯有、子太叔、子石、伯石，为掌握郑国政权的世卿。

■ 晋文公（前697年—前628年），名重耳，晋献公的儿子，公元前636年至公元前628年在位。他文治武功，开创了晋国长达百年的霸业。他昭明后世，显达千秋，与齐桓公并称为“齐桓晋文”，为后世儒家和法家等学派所称道。

在少数。世官的基础是“世族”。有累世的大族，故有累世的官爵。而大族之子为官，官又反过来保护贵族，成为连环套纠结在一起。

举荐是非贵族出身的士人进入仕途的一条道路，所谓“选贤举能”就是这种选官途径。

举荐有两种方式。一是在位的人知某人有才能，直接向国君推荐，国君采纳即被任为要职。

晋国的胥臣出使经过冀时，见到郤缺在田中除草，其妻送饭到田间，夫妻相敬如宾。胥臣回到国都后就对晋文公说：“恭敬，是德行的集中表现。能够恭敬的人一定有德行。有德行的人一定能治理好百姓。请您任用郤缺吧！”

晋文公于是任命郤缺为下军大夫。

公元前627年，晋国讨伐狄人，郤缺功大，俘虏了白狄的首领。此时已是晋文公之子晋襄公为晋国君，他提升郤缺为卿。还特别奖赏举荐郤缺的胥臣一个县的土地，并对他说：“推举郤缺，是你的功劳。”

举荐的另一种方式是地方政权向上级推荐所辖

郤缺 姬姓，郤氏，名缺，即郤成子，春秋时期晋国上卿。东周时晋国冀，今河津人，因其食邑在冀，又称冀缺。卒年约公元前597年。主要活动在晋文公、襄公、灵公、成公时期。郤缺在政治上主张德治。他从政多年，历事数君，未见失误，是晋国史上少有的稳健的政治家。

区内的贤才。这种方式可以以管仲在齐国推行的“三选”制为代表。

这种“三选”制的程序是：各乡官将本乡好学、有才德和有武功的人，推荐出上报给国家，这是一选，称为乡选；乡选出的人才经过国家的有关部门一段时间的考核试用，将优秀者选出推荐给国君，这是二选；国君亲自对二选出的人才审核、面试，交给一定的事做，合格者由国君任命为上卿的助手，这是三选。

白狄 亦作白翟。我国古代少数民族之一。春秋前期主要分布于古雍州北部，今陕北一带。公元前550年，因受秦国的压迫和晋国和戎政策的诱惑，东迁至今河北省石家庄一带。东迁后的白狄主要由鲜虞氏、肥氏、鼓氏、仇由氏4个氏族组成。

通过“三选”制选出的人才，其出身地位低微，或虽富而无政治地位。这样的人进入政权中，就扩大了统治基础。

■ 晋文公雕塑

管仲在齐国推行的“三选”制，在其他国家当也是实行的。

学校培养是国人阶层进入仕途的主要途径。春秋时期的学校有“国学”和“乡学”之分。国学在国都，是国君和贵族子弟所进的学校。乡学是国人子弟所进的学校。

除在学校学习认字以外，还主要学各种礼节和射箭、驾车的技术。学校每年要定期进行射箭比赛，其中优秀者即补为相应的官职。

国学和乡学都是官府办的，称为官学，所谓“学在官府”，春秋以前所有的学校都是官学。

■ 春秋官员浮雕

私学的出现是在春秋晚期。第一个以办私学显名后世的是鲁国孔丘。春秋晚期各国政治动乱不定，官学实际已垮了。而此时期由于社会经济发展，一批新兴的富人出现，且一般人家由于生产力提高，粮食已有余，学习文化知识便提到他们的日程上来。孔丘适应形势的要求，创办了私学。

孔门十哲 指的是孔子门下最优秀的10位学生，他们是子渊、子骞、伯牛、仲弓、子有、子贡、子路、子我、子游、子夏的合称。分为德行是子渊、子骞、伯牛、仲弓，政事是子有、子路，言语是子我、子贡，文学是子游、子夏4个类别。

相传到孔子门下就读的先后有3000人，有“弟子三千，贤人七十”之说。孔子的办学方针很明确，就是做官，即“学而优则仕”。他的一批高才生被称为“孔门十哲”，都到各国做了官。

被选出的官员在职期间政绩如何，是检验选官是否准确的一个标准，也是考量官员能力的主要办法。在官员考核制度上，春秋时期的各诸侯国在争霸的过程中，为了在政治、经济、军事上取得优势，都重视提高其政治、经济与军事实力，重视并加强对职官进行考核，设立了专职考核官员和兼职考核官员，对百官进行考核。

春秋时期，职官考核制度最大的特点是由过去周中央王朝对各诸侯国及其百官进行考核，改为由诸侯国各自对百官进行考核，并设立专职与兼职考核官员。

这一时期，专职与兼职的考核官员已在各诸侯国普遍设置。例如，齐国把担任考核的官员称为“五横”。横是纠察的意思。五横即考察之官。考察范围包括分掌五种行政事务系统的官员，即大行、大司田、大司马、大司理会大谏。在这五种行政系统内各设五横，即5个监察官员，以监察百官。

担任监察百官职务的人，是有条件的，那就是必须廉正清明。对于精明强干的人，可因材任事；能言者用他做舌辩外交的工作，有智者用他做侦察性的工作，性行廉正者用他做监督人的工作。

春秋时考核职官的方式有四种：复事制、上计制、社会调查和巡访制。其中，复事制是承袭西周时期的诸侯述职制演变而来，巡访制

春秋时期私学教学场景

《东周列国志》名臣画像

是沿袭了西周天子巡狩之制。

复事制是指臣下向国君汇报治绩与属下考核的情况，有口头汇报与书面汇报两种。

每年正月，国中的乡长和农村中的官员，都要到朝堂“复事”，复事制是国君了解下情、掌握基层官吏任职守职情况以及国中未入仕的贤者与能者的情况的重要途径，也是考核百官的方式之一。

地方长官复事的主要内容是书写材料，是以书面的形式向国君上报职官之中的贤能者，国君再次任用，授予官职。

上计制就是各级地方官吏把自己管辖区域内的人口、户籍、田数、赋税、库藏、车驾、治安，下属职官的表现以及乡中的贤能者的情况，定时汇编成册，上报朝廷审察，作为考核了解下情以及对职官进行考核的计书。君主每年听取汇报，辅相四时检查百官的治绩，百官每月要进行稽考。

上计制的一项主要内容，就是举贤。赵国国君赵襄子的大臣、中牟令任登就是在上计之时，举荐所属中牟境内之士两人，并得以任用为中大夫。

上计制与口头汇报的复事制相互补充，是考核职官的主要方式。春秋时已在晋国、齐国等国实行上计制，并非到战国之时才开始实行。

据《管子·大匡第十八》记载，上计制对职官的考核，按其政绩分为3等。能劝勉国事，有功无过的为上等。治绩属第二位，但是田地不荒、办案严肃的，为中等。劝勉国事，有功也有过，从政，虽有政绩而无能力、田地荒废、办案骄忽，为下等。

这是考核官员每年年终向齐桓公上报职官考评的情况。按照上计制的内容对地方职官进行考核的真实记载。社会调查是当时考核职官的一种重要方式，就是由国君派朝官到社会中了解政治、经济、法律、治安、徭役、官吏执政等情况。

《管子·问第二十四》详细记载了齐国考核官员时做社会调查的内容：国内建立大功的人们，都是哪些部门的官吏？各州的大夫，都是什么地方的人？现在的官吏，是凭什么条件提拔的？判案行有常法，不能改变，现在却长期积压，为什么？

五官各有度制，官都也经常断事，现在却拖延事情不办，还等待什么？士人

赵襄子 生年不详，名毋恤，又作无恤，战国时期赵国的创始人。他出生于五霸称雄的春秋末代，卒于诸侯兼并的战国早期。卒谥襄，史称赵襄子。《史记》中所列赵国的襄子纪年，在位为33年。

■ [illegible]时人物塑像

有田禄而不服任使的，有多少人？他们厌恶什么工作？士人有田产而不耕作的有多少人，他们从事什么工作？群臣当中有职位却没有田产的，有多少人？

收养贱者经商，自身出外，职务由家臣代理的，有多少人？低级官吏之中，没有田禄而白白干事的，多少人？群臣之中，有在官大夫家里兼职的，多少人？外人来游本国，住在官大夫家里的，多少人？调查教导和选拔人才都采用哪些标准？调查各个担任官都职务的，都任职多少年了？

通过上述内容的调查与考核，全面了解社会状况，掌握职官任职情况及存在的问题。这是考核百官的较为有效的形式。调查的对象似为社会各阶层人士。

春秋各国还实行巡访制，由各国国君、卿相亲自下去，或派遣官员下去对百官进行考察，同时了解下情，修改不合时宜的政令。

例如，子产任郑国卿相时，从政勤勉：早晨用以处理政事，白天用以四处巡访，晚[illegible]用以修改政令，夜里用以休养身体。经过考察了解，子产对于忠于职[illegible]从政者，给予奖赏，对于骄纵奢侈的官员，则严惩不贷。

由于子产执政期间，善于考察、了解下情和各级职官的从政状况，又能及时修订政令，进行改革，经过3年的治理，郑国形成了良好的政治局面。

■ 子产 名姬侨，字子产，又字子美，世称公孙侨、郑子产。生于春秋后期的郑国，今河南省新郑市。著名的政治家和思想家。他的政治主张在当时的郑国发挥了重要作用，在我国历史上影响深远。后世对其评价甚高，将他视为我国历史上宰相的典范。

子产祠园石刻

子产在郑国所取得的突出政绩，与他善于了解、考察下情，随时修订不符合社会实际情况的政令，随时惩处一些不奉职守法的职官有密切的关系。

巡访制的实施，使下情上达、政策的制订与修改有的放矢，各级职官都能奉公守法，有功者给予奖赏，有罪者给予惩处，调动了各级官员的积极性。

巡访制早在西周时已经实行。春秋时期的巡访制继承了西周之制，是对职官进行考察的重要方式。

阅读链接

齐国在对官员的考核过程中，除了设专职考核官员外，还临时委派朝官来考察百官。

齐桓公委派鲍叔考察官吏当中表现好的人，委派晏子考察非官吏和种田者当中表现好的人，委派高子考察工匠和商人当中表现好的人，委派国子管理讼狱，限朋管理东方各国的事务，宾须无管理西方各国的事务，弗郑管理住宅。

这些临时委派的朝官前去考察百官时，要做社会调查，要了解百官在任期间的表现，作为任免职官的参考。

战国时期官制的形成

春秋战国之际，战争愈演愈烈，规模越来越大。一般交战兵力不过千人，而战国时期的战争，往往是上十万，甚至几十万人参与。

因此，为了应付大规模而频繁的战争，各国不但需要一支可以直接调遣的庞大常备军，而且需要一套完善的国家行政机构，以便有条不紊地分配和调动全国的人力和物力。

由此形成了战国官制：官分文武，建立以国君为首的中央集权制；实行郡县制为主，封君制为辅的地方行政体；实行郡县征兵制和常备兵制。

■战国军事家吴起画像

■ 战国时期的宫殿复原图

战国时期的官制，首先是建立以国君为首的中央集权制。在中央，设置由国君直接任免的辅相和将军，并由他们负责统帅文武百官；在地方，设置郡县，由国君亲自任免长官，镇守国土和治理民众。这样，国君就可以对各级官吏随时任免，随时选拔。

这套官僚制度之所以能够巩固地建立起来，主要是由于推行了以下几种制度：

一是战国时代各国对官吏的任用，一般都采用俸禄制度。当时各国俸禄计算的单位是不同的，如卫国是用“盆”来计算，有“千盆、五百盆”等不同等级；再如秦国用“石”“斗”来计算，秦国有“五十石、一百石以至五百石、六百石”以上俸禄的官，大体上以50石为一级，最小的官吏也还有“斗食”的。

俸禄 古代王朝政府按规定给予各级官吏的报酬。其主要的形式有土地、实物、钱币等。战国时期，王室勋贵，除任官职有俸禄外，还有封邑；国王王后的宠幸，有的也有封邑。齐国孟尝君任相国，继承其父封地，“封万户于薛”。

俸禄制度之所以能普遍推行，是和当时社会经济发展有关。这时社会上已出现了雇用劳动者，既有

■ 出土的战国时期玉印

雇农、又有雇工。有所谓佣客、佣夫、市佣、佣保，因而各国任用官吏和挑选常备兵，也采用了雇佣办法，普遍采用了俸禄制度。

二是战国时代对于功臣的赏赐开始用黄金货币，这也与当时社会经济的发展有关。由于商品经济的发展，货币的广泛流通，黄金也已成为货币性质，于是国君对于功臣的赏赐，就不必采用分封土地的办法，可以用黄金货币来赏赐了。赏赐黄金百镒、千镒，百斤、千斤或百金、千金的事，在战国时代是常见的。

三是建立了公文用玺和发兵用符的制度。战国时，无论下达命令还是来往公文，都必须用玺来封泥作为凭信，否则便不能生效。

因为用玺、符为信物，对官吏的任免是以玺为凭的；对于将帅的任免，是以符为凭的。凡是丞相、郡守、县令等官，都由国君任命时发给玺，免职时收回玺。如果要辞职，也必须收回玺。由于这种严密制度的推行，大权就集中到国君手中了。此外，当时的考核制度也有利于君权集中。

由于战国时期官僚机构中有上述几种新制度的创立，这就使得一整套官僚机构能够层层控制，集中

频阳 秦厉共公于公元前456年在频山以南设频阳县，故址在今陕西富平县一带。秦统一全国后，频阳属内史。两汉时属河上郡、左内史、左冯翊、列尉大夫、左冯翊。北魏宣武帝景明元年撤频阳县，划同官县，今陕西铜川。

权力于国君手中，形成中央集权的国家机构。秦汉以后的官僚制度，便是沿袭战国时代的制度而加以发展的。战国时期的官制，还确立了郡县制并设置郡县的长官，实行郡县制为主，封君制为辅的地方行政体。

栎阳 古县名，战国时秦国之都。秦置，治所在今陕西省西安市阎良区武屯镇。栎阳是战国初秦献公和秦孝公的都城。公元前383年，秦国迁都栎阳。秦国建咸阳城后迁都咸阳。秦国定都栎阳共两世35年。

郡是春秋末年才开始设置的。郡本来设在新取得的边地，因为边地荒陋，后来边地逐渐繁荣起来，人口逐渐增多，因为郡地盘太大不易管理，便在郡下划分为若干小县，产生了郡县两级地方组织。建立了郡统县的制度。

战国时代的郡也都是设在边地，主要是为了巩固国防，所以一郡的首领称为守，也称郡守、太守。太守是国君直接任免的，都是由武官来充任的，有权征发本郡役卒。代行或试用期的郡守称假守。郡的署衙称府，郡守以下设有主管军务的都尉以及负责监察的御史。

当时各国郡的设置，虽仅限于各国的边区，但县的设置已很普遍。大概凡是有城市的都邑都已建为县，所以史书上县和城往往互称。

■ 蔡侯申鼎

战国初期，秦国不断在东部边疆设县，如公元前456年开始在频阳设县，公元前398年在陕设县，公元前374年又在栎

■《秦律十八种》竹简

阳设县。置县的目的是防卫外敌，保护边疆。

战国时县一级的官僚组织主要有县令、县丞、县尉、县司马、县司空。

县令是一县最高的行政长官。县令的属官有令史，助县令掌文书，调查案件，率卒捉拿人犯等。县令有缺，令史可以代理。令史有属官叫令史掾。

县丞的地位仅次于县令。县丞分管经济和司法，包括粮草的征收和亲自审问案件。县丞有属官称丞史。县尉分管县内军务，有权发一县役卒，监督役卒服役和督造文书等，其属官有尉官吏、士吏等。

县司马与一县的马政有关，或许是专司一县马匹的征调和使用。《秦律》规定，若马匹不好使用，司马要受处罚。其属官有司马令史和司马令史掾。

县司空本主管县里以军事性质为主的工程建筑，但因建筑工程多用刑徒，所以又是分管刑徒的官。其属官有司空佐史、司空啬夫、士吏等。

秦国的县令也称大啬夫。秦国相当于县一级的地方官职还有道和都。道是设在少数民族聚居区的，设道官，又叫道啬夫。都是设在有王室私产和宫室的地方，有都官。不属县令管辖而直属中央内史，自己有一套机构，属官有佐、史、啬夫之类。

战国时在县之下有乡、里、聚，即村落等组织。

《秦律》 秦代法律的总称。公元前356年商鞅变法时曾采用李悝的《法经》，并改法为律，颁行秦国。秦始皇统一六国后，将秦律修订，作为全国统一的法律颁行各地。律文涉及政治、经济、军事、文化、思想、生活等各个方面，使各行各业各个领域"皆有法式"。

乡和里的组织在春秋时代已出现。聚就是民众聚居的地方，实际上是相当于一个村落。商鞅在秦变法时，曾合并乡、邑、聚为县。

在乡的小官吏中，三老掌一乡之教化，啬夫掌一乡狱讼和税收，游徼掌乡中捕盗。里有里正，或称里典。秦国充任里典的多是乡间豪强有勇力之人，即所谓的“率敖”。里中的居民统称里人，以家为单位，按什伍编组，并设有伍老。编入伍的居民统称伍人，也叫四邻。编入伍的各家男丁称士伍。此外，战国时还有“亭”的设置。

教化 是一种政治、道德和教育三者有机结合的统治术。它把政教风化、教育感化、环境影响等有形和无形的手段综合运用起来，既有皇帝的宣谕，又有各级官员面命和行为引导，还有立功德碑、树牌坊、传播通俗读物等多种形式，向人们正面灌输道理，又注意结合日常活动使人们在不知不觉中达事明理。

战国时期，各国还有一些地方性的专职官吏，如在关津要道、贸易中心设置关吏、津吏、市者、市掾；在重要河道水利处设置河丞等。

由上述可知，战国时期各国地主政权的统治机构，从国到郡、从郡到县、从县到乡，已有系统地分布到各个角落，控制着整个国家和社会，形成一个非常完善的官僚体制。

郡县制取代分封制，有

■ 商鞅 姬姓，公孙氏，故又称卫鞅、公孙鞅。战国时代政治家、改革家、思想家，法家代表人物。商鞅通过变法改革将秦国改造成富裕强大之国，史称商鞅变法。商鞅变法是当时最彻底的一次变法。它使秦国强盛起来，为秦国最终统一六国打下了坚实的基础。

■ 战国时期的龙纹鼎

两个重要意义：一是在国家制度中由地域关系取代了血缘关系，使早期的部族国家转化为疆域国家；二是国家管理人员由职业官僚取代了世袭领主，使贵族政治转化为官僚政治。

战国时期的官制，还实行郡县征兵制和常备兵制。战国时各国边地都已分设郡县，中心区也普遍设县，于是征兵制度就推行到全国，郡县成为征兵的地区单位。

战国时服兵役的年龄，大概从15岁至60岁。当时各国遇到大战，往往征发全国壮丁，倾国以赴。如长平之役，赵国倾全国壮丁于长平，与韩国争夺战略要地上党。

长平之役 是我国历史上最早、规模最大的包围歼灭战。此战发生于最有实力统一中国的秦赵两国，极大地加速了秦国统一中国的进程。此战后，山东诸侯国均不再有对抗秦军的实力，秦统一中国的战争只剩下时间问题。长平之战催生了我国历史上第一个封建集权的大帝国。

各国除实行以郡县为单位的征兵制外，还建立了常备兵制度。当时由于各国建立了集权的封建政权，常备兵制也就建立起来。

这时各国的常备兵大多是考选出来的，有特殊的待遇。通过严格地考核，中试的就可以免除全户徭赋和田宅的租税。当时各国出兵时，往往以常备兵带领新征发来的士兵作战。

在战国时期一整套官僚组织中，是以“相”和“将”为首脑的。相是官僚组织的百官之长，中原六国中央均有设置。“将”是简称，法定官名应叫“将军”。作为最高军事长官的将，其职位仅次于相。

战国时县的官僚机构是和国的官僚机构差不多的。商鞅在秦国变法时，每县设有令和丞，县令下的丞，在县中的地位相当于国君的相。韩、魏等国在县令之下还有御史，县御史在县中的地位相当于国君的御史大夫。

御史这个官职在战国时本是充当国君秘书之类的差事，别国使臣来献国书，往往由国君的御史接受，国君临朝接待外宾，御史常立身边。

司寇在战国时各国均有设置，但名称不一。“三晋”沿用司寇之名，赵国的李牧曾任此职。秦国虽然也有这个名称，但根据《秦律·司空》的记载，它却是一种刑徒。秦国掌司法的官称为廷尉。廷尉是殿中的执法官。齐国中央政府掌司法的官称为士师。

战国时期各国的中央官主要由上述几个官称分别掌握

三晋 即今山西省南部的翼城县，古时称“唐国”。自古为晋南承东启西之咽喉要地。西周周成王封叔虞于此，后改称晋。公元前453年，赵、韩、魏三家瓜分了晋国的领地。赵、魏、韩三国分晋后，晋作为公国，在狭小的天地中还有名无实地存在了20多年。

■ 春秋战国时期的九章宫遗址

赵国上卿蔺相如与廉颇塑像

由中央到地方的军、政、法各部门的权力。

此外，战国时三晋、齐、燕的爵位，大致是沿袭春秋时期，可分为卿和大夫两级。

在卿当中有上卿、亚卿之分，如燕国乐毅曾为亚卿，荆轲曾被尊为上卿。秦国还有所谓客卿，凡是别国人士入秦，得到卿的爵位的就统称为客卿。

在大夫之中，有长大夫、上大夫、中大夫等。如魏国吴起做西河守时，奖励军功，曾以长大夫赏人，后来须贾曾为魏中大夫。

战国官制的初步形成，是战国以来新的职官制产生和发展的必然趋势，标志着统治者治国经验的成熟。

阅读链接

战国最早设相是魏，继后是韩、赵。秦国受三晋的影响，置相比较晚，秦孝公时，商鞅由魏入秦，始为左庶长，后升大良造，并未称相，但是他的地位相当于三晋的相，所以史称"商鞅相秦"。

最早记载的秦相是公元前328年以张仪为相。秦国在初设相位时，文武尚未严格分家，为相的张仪还是统军作战的将军。

后来，丞相专事文职，而大良造专为武职。秦设将军的官职，是秦昭王初立时以魏冉为将军，保卫首都咸阳，从此秦才有将军一职。

战国时官吏选拔与考核

战国时期，各诸侯国为争霸图强，纷纷打破原来官爵世袭的制度，按照“选贤任能”“论功赏爵”原则来选拔官吏，建立了“军功爵制”和养士制度。军功爵制的出现和确立，在先秦军事史上具有划时代的意义。战国时列国推行的变法运动，有力地打击了旧贵族特权。

战国时期国王为对官吏加以控制，掌握他们的治绩，还普遍建立了考核和监察制度，这就是战国时期的考课制度，以此作为官吏升迁的依据。

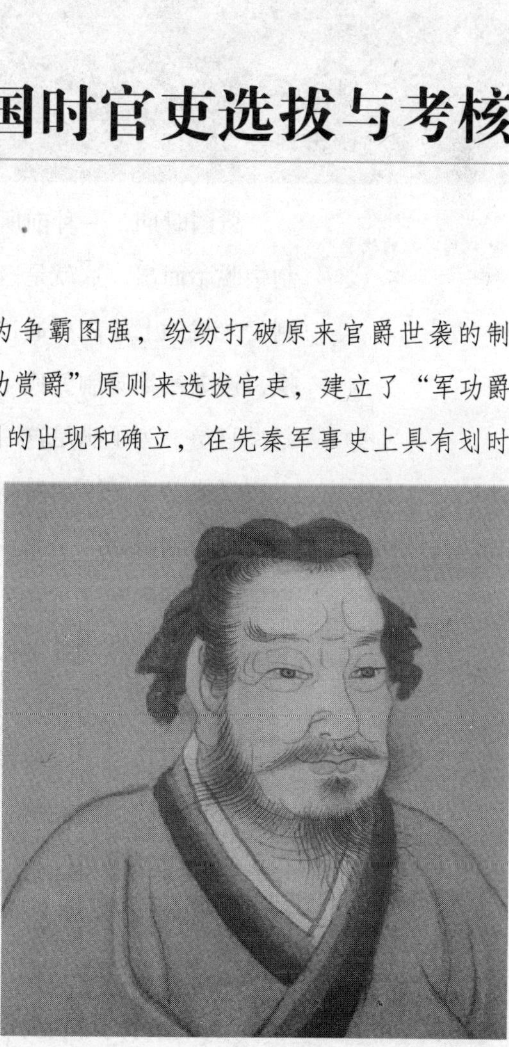

■ 战国后期军事家乐毅画像

■ 战国时期的战争场面

战国时期，一种前所未有的政治体制逐渐从旧体制中脱胎而出，这就是区域性的中央集权和君主专制制度。战国七雄先后通过广泛的变法，完成了制度转换，逐渐用郡县制替代了分封制。新的体制需要大量新型官员，为了满足这一需要，战国时期在官吏选拔上广泛推行了“军功爵制”和养士制度。

“军功爵制”是商鞅变法推行的政策措施。这一制度的出现和确立，在先秦军事史上具有划时代的意义。秦是推行军功爵制最彻底的国家，对当时和后世的影响也最大。

先秦 我国历史学名词。指秦代以前的历史时代，起自远古人类产生时期，至公元前221年，秦始皇灭六国为止。其间经历了夏、商、西周，以及春秋、战国等历史阶段，最后从分散逐步走向了统一。

秦的军功爵制主要包括两项内容：其一，凡立有军功者，不问出身门第、阶级和阶层，都可以享受爵禄。军功是接受爵禄赏赐的最必要条件。其二，取消宗室贵族所享有的世袭特权，他们不能再像过去那样仅凭血缘关系获得高官厚禄和爵位封邑。

秦国施行的军功爵制，在赏赐爵秩的原则上还有较严格的限制：

一是军功的大小决定着将士尊卑爵秩等级的高低。凡战士能斩得敌人1首者，就可以获得爵位一级及与之相应的田宅，也可以做官。斩杀的敌人越多，获得的爵位越高。如果能斩敌5人，还可以役使隶臣5家。

二是爵位高者赏赐重，爵位低者赏赐轻，对士兵的奖赏低于军官。依秦制，划分爵位二十级，从一级公士至二十级彻侯。军队在攻城围邑时如能斩杀敌人8000以上，野战时如能斩杀敌人2000以上，就是全功。凡立全功的部队，就对全军进行赏赐，而赏格依五大夫为分界，划分为两类，对五大夫以上的高爵赏赐重，在正常的官爵升迁之外还有“赐邑”“赐税”“税邑”等。而对五大夫以下的低爵，则只赏赐官爵一级，或者最多加赐几千钱、几个奴隶而已，没有“赐邑”等重赏。

三是赏罚并行，立功有赏，无功者罚，赏罚分明。秦国军队以伍为基本战斗单位，据《商君书·境内》篇，一伍之中如有一人战死，其余四人即获罪；如有两三人战死，其他人的罪名更重。将功折罪的唯一方法是杀敌，一人战死，须杀敌一人。两人战死，须杀敌两人。

战国时期的战争场面

所以秦军战士要想得到“斩一首爵一级”的奖赏，必须是在斩杀敌人的数量中扣除了己方死亡人数后，方能获得。

“军功爵制”是以国家授田及土地私有制为基础的制度，以“爵禄”的形式来酬答服兵役者，因此它不同于旧的份地制。

因此，在战国时期活跃于政治舞台上的著名将、相，大多已不是出身于旧贵族，而是出身于微贱者了。这在客观上，对于旧的“世卿世禄”制度和宗法制的瓦解，也起到了催化剂的作用。

养士制度就是由执政的高级官员豢养一批具有特殊知识或技能的士人，作为人才储备，为己所用。这在战国时期已经成为在政治上具有重大影响和作用的社会群体，是当时新型职业官员的主要来源。

这一时期以养士著名的四君子是：齐有孟尝君，赵有平原君，楚有春申君，魏有信陵君。此四君子皆明智而忠信，宽厚而爱人，尊贤而重士，因而在各自的国家发挥了重要作用。

秦的相邦吕不韦，门下也有食客数千。李斯初入秦时，就是吕不韦的门客。有的国家，还由政府直接建立机构养士，如齐国的稷下学宫就是一例。

养士制完全打破了血缘宗法关系，战国士人大量为异国效力。但

战国时期的青铜战马浮雕

■ 吕不韦（？—前235年），战国末期卫国著名商人，后为秦国丞相，政治家、思想家。卫国濮阳，今河南滑县人。吕不韦是当时的大商人，他往来各地，以低价买进，高价卖出，积累起万贯家产，以“奇货可居”闻名于世。他曾辅佐秦庄襄王登上王位，任秦国相邦十三年，其门客有三千人。

养士制容易形成私人势力集团。因此，这两种制度在进入大一统王朝以后，就不再实施了。

战国时期的考课制度，是官吏升迁的主要依据。政绩考核一般在年终进行。荀子说：“岁终奉其成以效于君，当则可，不当则废”，就是指这种制度。

这时，在行政管理上创立年终考核制度。这种考核制度叫“上计”。按规定，当时中央重要官吏和地方首长，都必须把一年赋税的收入预算数字写在木“券”上，送到国君那里。国君把券剖为两半，由国君执右券，臣下执左券。这样，国君可以操右券来责成臣下。

上计时由国君亲自考核，或由丞相协助考核。如果考核成绩不佳，便可当场收玺免官。高级官吏对下级官吏的考核，也是采取同样的办法。

齐田婴为相时，请齐王“听计”，齐王因“听计”劳顿，饭也顾不上吃，在臣下汇报时，他竟睡着了。汇报的官吏趁机用刀削去“券”上的数字，使考核无法进行。

考核内容很广泛，包括农地的垦辟、收获量、仓中粮食的数字、手工业制品的优劣、牲畜的繁殖数、肥瘦情况，户口数以及治安等，无不在考核之列。

商鞅说：境内仓库之数，壮男壮女之数，老弱之数，官、士之数，游士之数，工商业者之数，马、牛、饲料、禾杆之数。这“十三数”就是考核的内容。

考核成绩优者奖励升迁，劣者受罚或收玺免官。以秦律为例：《秦律杂抄》中有关漆园、采铁的考核规定，漆园若考核成绩为“殿”即下等，罚主管的官吏一副甲，令、丞及佐各一盾。若三年评比皆都是下等，罚主管的官吏甲两副，并撤职永不叙用，令、丞各一副甲。

秦律《厩苑律》规定，使用耕牛的，牛被使用坏了，腰围每减瘦一寸要鞭笞主使人10下。一年4次评比对耕牛的饲养，成绩好的主管官吏及饲养的人都受奖，成绩低劣的以及有关的人都要受罚。这种评比奖惩制度也推广到各个乡、里。对官有的牛更是注意保护。

秦国每年都对官管的官牛举行一次考核。10头以上的一年死三分之一，不满10头的一年间死去3头以上，主管人、饲养人甚至令、丞都受罚。各县由内史考核，各都官和领用牛的人由大仓考核。

可见，对官吏的考核，在秦国的执行是较为严格的，这也是秦国逐渐强大，终于灭掉六国的重要原因之一。

阅读链接

公元前259年，秦军与赵军在长平对阵，最初赵王派廉颇率兵攻打秦军，秦军几次打败赵军，赵军坚守营垒不出战。秦军屡次挑战。廉颇置之不理。

赵王听信秦军间谍散布的谣言“秦军最怕赵括来做将军”，赵王因此就以赵括为将军，取代了廉颇。结果大败。

据说当初赵括的母亲知其不能胜任，怕战败受连累，当即向赵王声明同赵括脱离关系。

赵王不听廉颇的劝阻，执意以赵括代替廉颇，犯了临阵换将，选官不当的大忌，致使赵国从此衰落。

中古时期

科举选拔

秦汉至隋唐是我国历史上的中古时期。秦统一中国后，为了加强中央集权，在中央建立三公九卿体制，在地方实行郡县制，建立了一套严密的中央和地方行政组织。

在其后的1000余年里，各朝代设官分职，经过逐步完善，到隋唐时形成三省六部制，并相应制订了官吏选拔和奖惩等制度。

经过中古时期对封建官僚机构的建设，逐步形成了从中央到地方的完整的官吏体系，加强了中央的统治力量，提高了政府的行政效率，充分发挥了国家机构的效能。

秦代三公九卿制与郡县制

秦代的中央官制是三公九卿制，地方官制是郡县制。秦灭六国完成统一后，秦始皇建立起了我国历史上第一个专制主义中央集权的封建国家，并建立了以皇帝为首的高度集中的政治体制。

■ 千古帝王秦始皇画像

秦朝中央官制的最大特征是皇权的至高无上。秦代官制与之前的秦国制度有所不同，为后世历朝所沿袭，其监察制度与九卿制度甚至延续到我国最后一个朝代清代，一直深深影响着我国的历史，奠定了我国基本的政治体制。

■ 李斯（约前280年—前208年），又名李通古。生于战国末年楚国上蔡，即今河南省上蔡西南。秦朝丞相，著名的政治家、文学家和书法家。因其政治主张的实施对我国和世界产生了深远的影响，奠定了我国2000多年政治制度的基本格局，被世人尊称为“千古一相”。

秦王政称始皇帝后，建立了由丞相、御史大夫、太尉，以及由奉常、郎中令、卫尉、太仆、廷尉、典客、宗正、治粟内史、少府这“九卿”等组成的中央政府，辅佐皇帝管理全国军政事务。秦代中央官制的最大特征是皇权的至高无上。

丞相是最高的行政官，上承皇帝诏命，下统百官，总揽政务。秦国丞相的设置始于公元前328年，是年设左、右丞相，公元前275年，改相邦。秦王政未亲政时，以吕不韦为相邦，并置丞相昌平君，其间或左右二相并置、或设独相、或称相邦。

秦始皇统一全国后，以李斯为左丞相，冯去疾任右丞相。秦二世诛李斯、冯去疾，以赵高为中丞相。

秦创置御史大夫，掌监察百官，为副丞相。与战国时列国普遍设置的负责记录与档案管理的御史不同，秦国的御史专掌纠察百官，是中国古代专门监察官制度的发端。

御史大夫属官有两丞，一为御史丞，为大夫之副；一为御史中丞。其中御史中丞因为统领侍御史和诸郡监御史，可以命令御史按章纠弹百官，权力尤重。

九卿仰丞相政令，分掌国事。九卿之属有负责皇室事务的如奉常，有负责国家政务的如廷尉。

奉常掌宗庙祭祀礼仪，银印青绶、秩中二千石，九卿皆同。奉常

秩石制 起源于战国时期的秦国，秦汉成为定制，一直延续到魏晋南北朝，前后推行约千年。战国素有“百石之官”“千石之吏”；西汉成帝时，从中二千石至百石，共在18个秩别；若加上高于二千石的丞相、太尉和低于比百石的斗食佐吏，西汉秩石大约有20个等级。

的属官有负责宫廷音乐的太乐；负责太庙祭祀事务的太祝；负责皇帝饮食以及祭祀用食物供奉的太宰；负责管理巫医的太医；负责观察天时星象、兼皇家史官的太史；负责应皇帝诏命进行卜筮的太卜。

郎中令掌殿中议论、宾赞、受奏事、宫廷宿卫之事。郎中令的属官有负责议论的大夫，负责宾客迎送、接受群臣奏事的谒者，供奉宫廷、等待受职的诸郎，以及期门、羽林等禁卫军。

郎为待选之官，有评议国事的议郎，有陪侍皇帝车驾的中郎、侍郎等，无定员，除授常达千人之多。秩石制规定，议郎、中郎秩比六百石，侍郎秩比四百石，郎中秩比三百石。

■ 秦朝官吏蜡像

中郎分统于五官中郎将、左中郎将、右中郎将，郎中分统于车郎中将、户郎中将、骑郎中将。郎一般取自公卿等官僚子弟，一方面作为皇帝的扈从，一方面学习政务，是秦汉之际出仕的重要途径。

卫尉掌皇宫诸门屯兵。属官是一名巴士司马令，凡吏民上书、四方贡献、朝廷征召等，按法律要使用公家的车马，巴士司马令即掌其事；属官二卫士令，统领诸宫门卫兵。

太仆本是周朝官职，秦代沿

秦朝人物蜡像

置，掌皇家车马。赵高出任郎中令之前任此职。

廷尉是最高司法官。属官有廷尉丞。廷尉署有狱，称廷尉狱，大臣有罪则下廷尉狱。

典客掌诸侯与少数民族部族首领朝觐事务、接待诸郡县上计吏。属官有行人，备临时差遣远方。

宗正又称宗令，掌皇族亲属及登记宗室谱牒。皇族宗室有罪，则绝其属籍。属官有宗正丞。

治粟内史掌诸谷物、金玉之贮，相当于国库司库。属官有太仓令、太仓丞，掌国库中粮食的贮存；有平准令、平准丞，掌京师及诸郡物价。

少府掌山海地泽收入和皇室手工业制造，为皇帝的私府。少府的属官很多，比如有掌皇帝服饰织造与保管的御府令和御府丞，有掌皇帝各种礼服所需的尚冠令和尚冠丞，有掌皇帝与后宫医药的太医令和太医丞等。其中有些属官对后世各个朝代的政治发展有深远的影响，其余诸“尚”后来转为女官。

■ 秦大将军王翦像

秦代还设有中尉、将作少府、主爵中尉、中常侍等，各司其职。

中尉掌京师治安、兼管消防，是京城的卫戍长官。中尉署有丞、左右中侯、千牛等官佐。属官有武库令、武库丞，掌军器制造、贮存；有静室令，皇帝出巡时负责担任清道夫。

将作少府掌皇宫等公共建筑事务，本署有两丞，左右中侯。属官有石室令、东园主章令、主章长、左校令、右校令、前校令、后校令、中校令。石室掌建筑石料、东园主章令掌木匠、主章长掌伐大木、五校掌营建。五校所属多为刑徒。

主爵中尉掌诸侯以下诸爵的封赠及宾客祭祀飨食等事务。中常侍侍从皇帝左右，备皇帝顾问，可以经常出入皇宫禁地，汉朝为宦官职务。

秦代的皇后诸卿有：将行掌皇后礼仪；皇后卫尉掌皇后卫队；皇后少府掌皇后私人事务；皇后少仆掌皇后车马。

秦代的武将官制包括太尉、护军都尉和将军。

太尉为最高武职，统领诸军，负责各级军官的任免与考核。秦代的太尉职务与汉朝的太尉相当，但不列于三公，地位较低，与卿相类似。

护军都尉执掌军政，统领诸将。属官有中护军，

飨食 秦汉以前人们一天只吃两顿饭。由于农业不发达，粮食有限，即使两顿饭也要视人而待。《墨子·杂守》记载：兵士每天吃两顿，食量分为五个等级。第一顿称“朝食”或“饔”，在太阳行至东南方时就餐。第二顿称“飧”或“食”，在下午四点左右进餐。

领军史，掌禁军，参与武将的选补事务，遇将军率军出征时，则驻该军监督军政。

将军包括前将军、后将军、左将军、右将军，位上卿，率军镇守边郡。另置上将军、将军，为临时职务，有大征伐时选武将出任，军还即撤任。

秦代的地方官制普遍施行郡县制度。公元前221年，秦始皇正式划分天下为36郡，后来陆续增设至40余郡。咸阳是国都所在地，不设郡守而由朝廷直辖，其长官为内史，位同九卿，得参与朝政。

内史属官有都水长、都水丞掌水利，铁官长、铁官丞掌冶金、制造农器，廪牺令、廪牺丞掌粮食仓库和牧养祭祀用牲畜。

郡作为一级行政地方，军民兼治。郡设郡守、监御史、郡尉3个互不隶属的主要官员。此外还有郡的次官郡丞。

禁军 是封建时期直辖属于帝王，担任护卫帝王或皇宫、首都警备任务的军队。因时代、文化与地域的不同，有其他异名同义的名称，如禁卫、亲卫、近卫、御林军等不同称呼。在封建时期，这些名称往往成为军事荣誉称号，授予建立特殊功绩的部队。

■ 秦兵马俑

■ 秦王宫复原建筑

郡守是郡的长官，边地多为武将，内地多以郎官出任，银印青绥、秩二千石。秦代的郡守权力非常大，除了由朝廷直接任免的县令县长、负责监察郡治的监御史、负责统领驻军与管理治安的郡尉三者外，郡的其他官员均由郡守自行任免。

监御史隶属御史中丞，负责监察郡守与其他官员。

郡尉掌郡驻军，主管治安、侦缉盗贼，银印青绥、秩比二千石。郡尉直辖于朝廷，与郡守相抗礼。郡尉属官有丞，内地诸郡设丞一人、大郡则设两人。边塞诸郡则每百里置都尉一人，都尉辖士史、尉史各二，掌边塞卫戍；关隘之处置关都尉，均隶属本郡郡尉。

郡丞辅佐郡守综理郡政，铜印黑绥、秩六百石。郡守缺位或不能理事时，郡丞代行郡守职务。属官有卒史、主簿、牧师令等。边塞诸郡另置长史，管理兵马军政，与郡丞同秩。

郎官 战国始有，为君主侍从之官。秦、汉，郎官属郎中令，员额不定，最多时达5000人，有议郎、中郎、侍郎、郎中四等。以守卫门户，出充车骑为主要职责，亦随时备帝王顾问差遣。

县为秦代最低一级行政地方，秦代的正式官职也仅仅设在县一级。县令与县长都是县的最高行政长官。秦代按县的人口多寡，万人以上的县置县令、以下的县置县长。

县令铜印黑绶、秩千石至六百石，县长铜印黄绶、秩六百石至五百石。县令与县长属下官职包括县丞、县尉、功曹、令史、狱掾、文无害、厩驺、仓吏、治狱吏。

县丞为县的次官，职比郡丞，铜印黄绶、秩四百石；县尉掌治安、捕盗之事，职比郡丞、唯不掌兵，秩同县丞；功曹，掌县吏的考绩等第升降；令史管理文书档案；狱掾是县狱的典狱长；文无害也就是公平吏，掌巡查监狱，复查案卷，以防止冤狱；厩驺掌一县车马之政；仓吏是县库的长官；治狱吏是县狱的狱卒。

县以下置乡，乡以下置亭，亭以下置里。这些都是以宗族为核心的人民自治组织。职官包括三老、有秩和啬夫、游徼、亭长。

三老由一乡德高望重者充任，掌教化，有所谓孝悌仁义之家可以申报郡县予以表彰，并可以推荐优良子弟出任郡县吏。人口达5000人的乡，由郡指派一人为有秩；不足5000人的乡，由县指派一人为啬夫。两者职责相同，都是调解邻里纠纷、帮助政府收取赋税、安排徭役。

游徼为徭役的一种，掌巡察地方、缉捕盗贼。亭长也是徭役的一

咸阳宫模型

秦朝官吏蜡像

种，汉高祖在秦代曾任此职。掌同啬夫。亭长之属为亭父、求盗两卒，前者负责本亭保洁、后者负责追逐盗贼。汉高祖刘邦曾任泗水亭亭长。

秦代上述这些官制，有一部分在战国时期就已形成。但是，秦统一六国后，由于权力的高度集中，中央与地方间的关系，政务与事务间的关系，君主与臣下间的关系等，都不可避免地有所更张，形成了一套严密的新制度。

秦代官职从从中央到地方，有明确分工，既相互配合，又彼此牵制，充分体现出“家天下”的特点。中央集权制度有利于巩固国家统一，封建君主制度在我国延续了2000多年。

阅读链接

亭是秦汉时代政府的末端组织之一。泗水亭在沛县的东部，地处县城东郊的要道。

刘邦生在泗水亭附近，他当上泗水亭长后，知道自己地位低微，难以大有作为，便广交当地权贵和江湖豪杰，蓄势待发。秦末农民战争爆发后，刘邦知道时机已到，毅然决定率众响应，在芒砀山斩蛇起义。

公元前 202年，刘邦登上了汉王朝开国皇帝的宝座，史称汉高祖。一个小小的泗水亭，竟成为刘邦帝王事业的起点，而泗水亭也因此名扬千古。

两汉对三公九卿制的完善

汉朝是继秦朝以后历史上一个大一统的朝代，分为西汉和东汉两个时期，后世史学家也称两汉。

两汉时期，封建地主阶级为了加强中央集权和君主专制的统治，在职官制度上确立了中央的三公九卿制和继续实行地方的郡县体制。

三公九卿制在秦朝只是初具架构，这一制度到汉代时得到进一步的调整和完善。

■ 汉高祖刘邦画像

西汉对秦代三公九卿制进行了调整和完善。西汉中央政府最高行政权力由三公——丞相、太尉、御史大夫3人分掌，其下分设九卿、列卿等。

丞相又称相国。是全部外朝官的首长。凡国事，均先上丞相府，由丞相于府中召集六百石以上的官员会议，议定之后再以丞相的名义上奏皇帝裁可；凡大的人事变动、政策调整，也都是由丞相主持廷议，然后领衔上奏；皇帝的诏命，都必须下达给丞相，由丞相负责实施。

汉武帝曾经任命御史大夫公孙弘为丞相，因其无爵，封为平津侯。从此之后，凡平民拜相者必封侯。丞相也对百官有选举、任官、黜陟、刑赏的权力。

丞相的办事机关称丞相府，属官有长史、司直、掾、属等。长史为相府诸吏之长，职无不揽。丞相有事，则召长史付诸施行；司直掌佐丞相举不法，职在监察官吏，位在司隶校尉上；丞相府所设诸曹的长吏，统称丞相掾，有300多人。丞相府所设诸曹的长吏，位次掾，统称丞相署。

太尉作为最高武职，除了评定全国武官的功绩高下、以为升降的依据外，就是作为皇帝的最高军事顾问。汉朝军队由各将军、校尉统领，太尉不能直接指挥军队。例如周勃平定诸吕之乱时，身为太尉，却不能进入上将军吕产所指挥的北军，只得诈称帝命方进入北军营地并取得指挥权。

太尉属吏有长史、司直、功曹、议曹史、门下史、主簿等。太尉本身固有的属吏只有长史，其他属吏只有大司马领尚书事、开府置官属后才有。

御史大夫作为副丞相、最高监察官的同时，也有评定天下刑狱的责任，所以也是最高法官。天下郡国上呈的会计账目，也由御史大夫复核。

汉代的九卿，包括太常、光禄勋、卫尉、太仆、廷尉、大鸿胪、宗正、大司农、少府。

太常也叫奉常，掌宗庙礼仪；光禄勋也叫郎中令，掌宫殿掖门户；卫尉掌宫门卫屯兵；太仆在王莽时改为太御，掌乘舆并主马政；廷尉掌刑辟，是审判全国疑难案件的最高机构，除个别特难案件上报皇帝裁决外，有终审裁判权；大鸿胪，原名典客，掌诸王列侯与内附部族之封拜、朝聘、宴飨、郊迎之礼仪与接待地方诸郡上计诸吏；宗正掌序录王国适庶等次，及诸宗室亲属远近，郡国岁因计上宗室名籍；大司农掌劝课农桑；少府负责皇帝衣食起居，医药供奉，园林游兴，器物制作等。

汉朝十二卿，除前面所说的九卿之外，又列卿执金吾、将作大匠和水衡都尉。

王莽（前45年—23年），字巨君，新朝的建立者，即新始祖。公元8年，王莽代汉建新，宣布推行新政，史称“王莽改制”。王莽统治的末期，天下大乱，王莽也死于乱军之中，他的新朝也成为我国历史上最短命的朝代之一。

■ 汉代人物像

■ 西汉长信宫灯

执金吾掌京师门内屯兵，为京师巡逻以备盗贼，皇帝出巡则为前导；将作大匠主治宫室、宗庙、陵园、土木等事；水衡都尉掌上林苑。

西汉内朝官自大将军以下，至于侍中，常侍，散骑常侍、黄门侍郎以及光禄勋，谓之宿卫。宿卫近在皇帝身边，颇受皇帝信任。

侍中是皇帝近臣，掌管皇帝的车、轿、衣服、器物等；左右曹实际就是分科办事的尚书；诸吏则是受特别委任有权监察、纠举不法的官员；散骑常侍的职务是骑马跟随乘舆车后，尽侍事之职；给事中出入禁中和顾问应对，位次常侍；黄门侍郎又称黄门郎，是皇帝近侍之臣，传达诏令；光禄勋掌守卫宫殿门户。此外，内朝官中的宫官，包括太子属官、宫中女官和宦官、太监等。

西汉承秦制，也实行郡县官制。西汉郡属吏均由本郡人士出任，品行高卓者可以被太守推荐出任廷臣。郡一级设太守、都尉、监御史三官，各领郡内政务、军务、监察之事。

太守权力非常大，所属县令的任免均由其荐议，郡府各属吏均由太守自己从本郡人中任免，掌握虎符，竹使符，以此节制本郡驻军。太守属吏有别驾、

上林苑 是汉武帝刘彻于公元前138年，在秦代的一个旧苑址上扩建而成的宫苑，规模宏伟，宫室众多，有多种功能和游乐内容。今已无存。上林苑亦是当时汉武帝尚武之地，并由后来的大将军卫青统领。汉武帝从此走向一个崭新的历史舞台。

主簿功曹、议曹、右曹掾史、都吏、给事太守府等。

都尉与太守分治军民，位次太守，开府置吏如太守府，属官有掾、卒史、属、书佐、功曹等。除郡都尉之外，西汉还在诸关隘设关都尉，在屯田区设农都尉，在殖民地区设属国都尉。另有执行特别职务的没有辖区的都尉，如宜禾都尉、护漕都尉等。

汉平帝（前9年—6年），刘衎，原名刘箕子，汉元帝之孙，汉成帝的侄子，汉哀帝的堂兄弟，中山王刘兴之子，母卫姬。公元前1年称帝。次年改元元始。共在位6年，病死的。终年14岁，葬于康陵。

西汉的刺史负责巡行诸郡，纠察不法。刺史虽然品级较低，却可以纠劾比自身品级较高的官员。汉朝规定，刺史只能纠察秩比六百石以上的官员，不允许刺史问难下级官吏。

刺史所纠察的范围，也只能以六条诏书为限。如果刺史纠劾超出诏书范围，不但不能纠劾成功，自己还要以越职的罪名被罢免。

■ 汉武帝时期名将卫青画像

县是郡之下的最低一级行政地方。汉平帝时，全国共设置县、国、邑、道1500多个。国为王侯封地，王国同郡、侯国同县；邑是皇太后、皇后、公主封地；道是设置于巴郡、蜀郡等少数民族聚居地的县级地方政权。

万户以上的县，设县令。不满万户的县，设县长。县令、县长并为县的长官。县置丞一人，主管文书、档案、仓库、监狱等。

■ 汉武帝 （前156年—前87年），刘彻，幼名刘彘。汉朝第七代皇帝，谥号“孝武皇帝”，庙号世宗。我国历史上著名的政治家、战略家。他凭借雄才大略、文治武功，使汉朝成为当时世界上最强大的国家，赢得了一个国家前所未有的尊严。

大县置县尉两人，小县置一人，主管地方治安、缉捕盗贼。县丞与县尉是县的长吏，由朝廷任免。县的其余佐吏的设置多与秦的县制相同。

汉朝分封制与郡县制并行，称郡国制。汉初，有燕、赵、楚、九江等7个异姓王国。王国所辖诸郡太守的任免权力收归朝廷。

西汉的爵禄制度沿秦制，设爵以赏功。禄，既指官员的等级，也是官员官俸的数额。

汉朝建立之后，沿用秦20等爵。西汉凡国有喜庆、大捷等，都可以赐百姓爵。一般皇帝即位均颁诏赐民爵一级。西汉一朝共计赐爵20次。

获得爵位的人，高等级爵可以获得封邑，免除部分或全部赋税徭役、减刑、优先担任官职等。但是由于人民多买爵位以逃避赋税徭役，所以朝廷往往以各种理由征发有爵位的人并加以其他负担以代替赋税徭役，民爵因此不再为人所重。这也是后世不再设置民爵的原因。

汉文帝 （前202年—前157年），名刘恒。汉代第五位皇帝，谥“孝文皇帝”，庙号太宗。他励精图治，使百姓富裕，天下小康。汉文帝与其子汉景帝刘启统治时期被合称为“文景之治”。

西汉朝秩禄可分为四大等级：比二千石以上；比六百石以上；比二百石以上；比二百石以下。三公万石不在秩级之内。

官员的品秩虽然以石数为差，不过不全给以粮食，而是钱、谷分给。西汉时期，一般年景一斗米约十数钱，按此折算，三公月俸约70万钱，县令月俸7.2万钱至14万钱不等。可知西汉的官俸十分丰厚。

西汉选拔官员也很严格。汉文帝时就已经有从社会基层选用贤良和孝廉的做法，指令中央官吏和地方官吏从下级属吏、民间地主和部分自耕农人中选拔从政人员。名臣晁错就是以“贤良文学”之选，又经帝王亲自策试，得以升迁为中大夫的。

不过，当时既没有规定选举的确定期限，也没有规定各地方选举的人数。也就是说，这种选举形式还没有成为完备的制度。

汉武帝在即位的第一年，就诏令中央和地方的主要行政长官“举贤良方正直言极谏之士”。6年之后，又下诏策试“贤良”。也就是在这一年，明确规定了郡国必须选举的人数。这就是察举制。

察举的科目，是由少至多不断增加的；增

晁错 （前200年—前154年），是西汉文帝时的智囊人物，颍川，今河南禹县城南晁喜铺人。汉文帝时，晁错因文才出众任太常掌故，后历任太子老师。在教导太子中受理深刻，辩才非凡，被太子刘启尊为“智囊”。因七国之乱被腰斩于西安东市。

■ 西汉大臣苏武像

■ 汉献帝 （181年—234年），刘协，字伯和，又字合。汉朝最后一任皇帝，谥号“孝献皇帝”。196年，曹操控制了刘协，并迁都许昌，“挟天子以令诸侯”。220年，曹操病死，刘协被曹丕控制，随后被迫禅让于曹丕。

加科目尤以特科为多，是根据对专门人才的需要而设立。这些科目，划一由皇帝确定。

按举期分类，察举科目可分为常科与特科两大类。岁科有孝廉、茂才即秀才、察廉即廉吏、光禄四行；特科又分为常见特科和一般特科。

在上述科目中，以岁科为先，其中又以“孝廉”一科为最重要。特科中则以“贤良方正”为最重要。

如按四科标准分类，以“德”为主的有孝廉、孝廉方正、至孝、敦厚等科；以“文法”为主的有明法科；以“才能”为主的有尤异、治剧、勇猛知兵法、明阴阳灾异、有道等科。但所有的科目，都以“德行”为先，在学问上则以“儒学”为主。

正是在汉武帝时代，察举制得以基本成为正统的政制。这一历史事实，标志着选官制度重要的进步，意义十分深远。

东汉建立后，其官制基本上沿袭了西汉官制的制度，官名也没有多少改变。与西汉比较，东汉体制的

秀才 别称茂才，原指才之秀者，始见于《管子·小匡》。汉代以来成荐举人才的科目之一。亦曾作为学校生员的专称。读书人被称为秀才始于明清时代，但“秀才”之名却源于南北朝时期。其实“秀才”原本并非泛指读书人，《礼记》称才能秀异之士为“秀士”，这是“秀才”一词的最早来源。最早有秀才之称的，是西汉初期的贾谊。

最大特点就是：大大加强皇帝权力，不设丞相，削弱三公的权力；刺史成为一级地方长官，废除地方军队；强化内朝权力，外戚、宦官掌握大权，这一官制对后来的三国官制也有较大的影响。

东汉的中央政府组成沿用西汉官制，以三公领九卿为基本架构，但是实际政治权力已经完全转移到尚书台。

东汉以太尉、司徒、司空为三公，位次上公。三公师长百僚，名义上为最高官职，事实上并无实际权力。与西汉以太师、太傅、太保为上公不同，东汉唯以太傅为上公，无太师、太保官。

汉献帝时，董卓迁都长安，自任太师，位在太傅上。这是权臣擅权所为。

东汉沿西汉制度，以太常、光禄勋、卫尉、太仆、廷尉、大鸿胪、宗正、大司农、少府为九卿。与西汉不同的是，东汉九卿分隶属三公。太常、光禄勋、卫尉三卿属太尉；太仆、廷尉、大鸿胪三卿属司徒；宗正、大司农、少府三卿属司空。

汉代车马画像砖

洛阳 最早建成于夏朝，有东周、东汉、曹魏、西晋、北魏等朝代在此定都，因此有“十三朝古都”之称，与西安、南京、北京并列为中国四大古都，也是我国历史上唯一一个被命名为“神都”的城市，洛阳是中华文明和中华民族的主要发源地，被称为“千年帝都，牡丹花城”。

东汉九卿均于官称上加“卿”字，如太常卿等，秩中二千石。

除此之外，东汉九卿与西汉不同者还有，光禄勋除西汉的五官中郎将、左中郎将、右中郎将、虎贲中郎将、羽林中郎将之外，增置东中郎将、北中郎将、西中郎将、南中郎将。

再就是少府尚书改称尚书台，由西汉的常侍曹、二千石曹、民曹、主客曹改为六曹：改常侍曹为吏曹，增三公曹，将主客曹分为南主客曹与北主客曹。

尚书台增设左右丞两人，诸曹侍郎各6人，令史诸曹各3人，事务繁剧的曹增令史各3人。尚书台组织较西汉尚书要重要和庞大。

东汉的将军是中央政府的重要组成部分，有大将军、骠骑将军、车骑将军、卫将军、前将军、后将军、左将军、右将军。

■ 汉代思想家董仲舒画像

大将军位在三公上。骠骑将军、车骑将军、卫将军位次列于九卿，位在三公下。前、后、左、右将军，位次列于九卿，不常置。

东汉中期以后，太后临朝称制，外戚以大将军执政，与太傅、三公合称为五府。

以上将军均开府，府属有、长史、司马各一人，从事中郎两人，掾属29人，令史御属31

人。将军以本号领军的，各有部曲、校尉。

东汉的地方官制与西汉相比较，在郡、县两级是基本相同的，不过郡的重要性和权力较西汉下降很多。在州一级，则有根本性的差异，东汉的州已经演变成为一级地方，凌驾于郡之上。至此，我国古代的地方行政区划由郡县制转变为州、郡、县3级制，一直延续到隋代“废郡”为止。

东汉将洛阳之外的地区划分为12个州，各遣刺史一人为长官。另以京兆、左冯翊、右扶风、河东、河南、河内、弘农七郡为司隶校尉辖区，称司隶部。东汉代州也称部。

东汉共设105个郡国，除司隶部所辖7郡外，王国与列郡均分隶诸州。东汉的县级地方建制也与西汉相同。

阅读链接

萧何是西汉丞相、政治家，曾辅佐刘邦建立西汉王朝。萧何病危之际，向汉惠帝举荐曹参为相。萧何死后，曹参继任丞相，一切公务悉照旧章，一些朝臣便在惠帝面前参奏他因循苟且，汉惠帝便召见曹参问其缘故。

曹参说：“陛下用臣为相，只要能够奉公守法，遵照旧章，能继旧业，已属幸事。若自作聪明；推翻成法，必致上下紊乱，恐欲再求今日之太平，已无可得矣！”

惠帝恍然大悟。这就是成语“萧规曹随”的来历。

晋朝职官构架及官吏选拔

晋朝是我国历史上的大一统朝代之一，分为西晋与东晋两个时期。它上承三国，下启南北朝，属于六朝之一。

晋朝官制中的军、民、财不再各成系统，只要是为了军事上的便利，都可以打破常规。因而在官职、爵位及任用选拔等方面，执行了积极的政策，形成了一种军事与政治合一的局面。

■ 晋武帝司马炎画像

■ 晋朝青瓷笔洗

晋朝官制源自三国官制和东汉官制，但尚书省的组织比东汉更为严密。尚书令为尚书省的首官，仆射是次官。晋朝以执金吾荣为尚书左右仆射，自此开始，仆射分置左右。

东晋时，有吏部、祠部、五兵、左民、度支五尚书。祠部尚书常与右仆射通职，没有固定设置，经常以右仆射兼任祠部尚书；如右仆射缺，则以祠部尚书代行其职。此外，还有左右丞。

晋武帝（236年—290年），司马炎，字安世，河内温，今河南温县人。晋朝开国君主。谥号“武皇帝”，庙号世祖，葬峻阳陵。在位期间，采取一系列经济措施以发展生产，社会出现一片繁荣景象。但灭吴后，逐渐怠惰政事，荒淫无度。

晋左丞主管尚书台内禁令，宗庙祠祀，朝仪礼制、选用署吏。右丞掌尚书台内库藏庐舍，所有器用之物及廪赈民户租布、刑狱兵器、督录远道文书、章表奏章等事。又有尚书郎。

晋武帝时，罢前朝农部、定课，置直事、殿中、祠部、吏部、三公、比部、金部、仓部等三十四曹郎。以后又置运曹，合三十五曹，并置郎。

魏晋以来，中书监令掌赞诏命，记会时事，典作文书。中书监令在西晋位尊于尚书令，到了东晋，其任更重，多以诸公兼领。

东晋初年，曾一度改中书侍郎为通事郎，不久又改为中书侍郎。其下是中书舍人。西晋初年，初置舍人、通事各一人，东晋把舍人、通事合称为通事舍人，掌呈奏案章。后罢去，而以中书侍郎一人当直并掌诏命。

西晋初年，晋武帝以秘书监与中书省合并，犹保存著作局。晋惠帝置秘书监。其属官有秘书丞，著作郎。晋惠帝时改著作郎隶秘书省。著作郎有一人，称为大著作郎，专掌国史，又置佐著作郎8人。

晋惠帝（259年—307年），司马衷，字正度，河南温县人。西晋的第二代皇帝。他为人痴呆不任事，初由太傅杨骏辅政，后皇后贾南风掌握大权。在八王之乱中，被囚禁于金墉城，形同傀儡，受尽凌辱。相传被东海王司马越毒死。

晋把汉代的侍中改为门下省，作为皇帝侍从、顾问机构，长官为侍中。侍中还常代表皇帝与公卿辩论朝政，其地位虽然不高，但因接近皇帝，显得很重要。南北朝时，凡属重要政令，皇帝都征求侍中意见，这就使门下省也开始成为参与国家大政的部门。

■ 古代玉玺

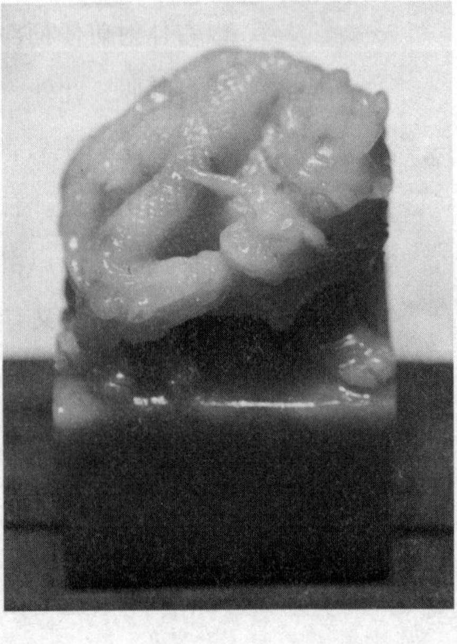

给事黄门侍郎与侍中共同管理门下省诸事，本无定员，晋置四人。散骑常侍，无定员，西晋初年，沿东汉旧制不改。晋惠帝曾经以宦者董猛为中常侍，后来便废止。给事中也是加官，所加或大夫、博士、议郎，掌顾问应对，位次中常侍，在散骑侍郎下，给事黄门侍郎上，无定员，又有通直散骑常侍。

晋武帝时称为通直散骑常

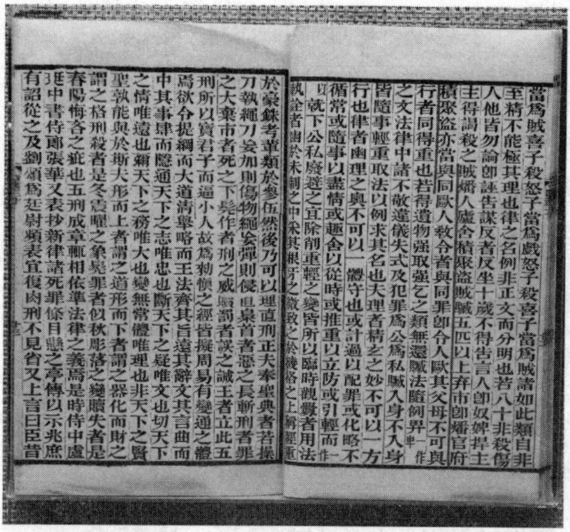

■ 晋书《刑法志》

侍，东晋置四人。员外散骑常侍，无定员。晋元帝时称通直散骑侍郎。总之，散骑常侍与散骑侍郎各有本官与通直、员外三种。晋之散骑虽隶属门下，但又另设散骑省，又以中书职务付与散骑省，所以散骑也掌表诏。

两晋其他重要官职还有丞相、八公、位从公及九卿。

以中枢官而论，晋初不置丞相。晋惠帝时改司徒为丞相。其后，宋、齐、梁、陈各朝，司徒与丞相相同，且废置不一。

晋之丞相如梁王肜、成都王颖、南阳王保以及王敦、王导等人，都是独揽大权。他们上胁天子，下压群臣，不遵守寻常人臣的职分。这种情况是汉末曹操当丞相以来所造成的。

两晋诸王及王敦、王导等人任“丞相”，皆因人而设，并非定职，有时在制度上不设这种官，而在习惯上有这种官。但是，其中有一点是可以肯定的，即凡是真正总揽大权的，都必须加上录尚书事的称号。

因为其他宰相，可能不处理日常公务，也可能不问小事，录尚书事则是一切公文都必须经他审阅，即使是威望极重的权臣，也不能不兼此称号，才能保证事权的高度集中。

晋元帝（276年—323年），司马睿，字景文，东晋的开国皇帝，谥号“元皇帝”，庙号中宗。司马睿在晋朝贵族与江东大族的支持下于317年称晋王，318年即帝位。

八公之置，不止是为了尊崇世族中门望特高的人。晋武帝派侍中任恺与这些元老联系，他们也参议朝政，只是年高体弱不参加日常执政。在晋朝三公依然有执政官，比如太保卫瓘录尚书事、司空张华作为公辅都参与执政，与司徒王导都是三公任宰相。

八公属官有长史、西阁、东阁祭酒、西曹东曹掾、户曹、仓曹、贼曹属各一人，每曹皆置御属、令史，学干。保卫诸“公”的，有武贲12人。

位从公是曹魏的旧制。凡是开府仪同三司，都是位从公。所谓“开府”，是指开设府第，设官置吏；仪同三司是说仪仗同于太尉、司徒、司空。

八公及开府位从公者，品秩第一。骠骑以下及诸大将军，既不开府，又非持节都督者，品秩第二。

晋元帝置督军御史，以都督诸军为上，监诸军为次，督诸军为下。持节将军以使持节为上，持节为次，假节为下。

使持节有权杀二千石以下之官；持节有权杀无官位的平民，若在用兵作战时，得与使持节同。假节只能诛杀犯军令的人。

由于尚书省机构繁密和权力扩大，国家庶政，均经由尚书、中书处置，因而九卿职权多被侵夺，

任恺 字元褒，安乐博昌，今山东博兴东南人。曹魏太常任昊之子，历事魏晋两朝。任恺为人正直、忠诚，才华出众。晋武帝设立门下省，任恺担任宰辅侍中，也是最有名的直臣，在众宰相中最受晋武帝信任，影响力最大。任恺在处理公务上勤劳恪慎，获得朝野的赞誉。

■晋元帝司马睿画像

■ 晋代士大夫生活场景画

所以荀勖建议把九卿并入尚书。可见当时九卿仅空有其名，失去存在的价值。

晋朝的建立者司马氏不是大姓，其统治基础是薄弱的，能否控制豪强大姓对顺利执政具有重要意义。司马氏除了施行占田制，限制佃客和食客、增强百姓和中小地主阶级力量限制豪强外，主要是通过官职和爵位增强皇权地位。

晋哀帝（341年—365年），司马丕，字千龄，为东晋第六代皇帝。即位不久就迷上了长生术，按照道士传授的长生法，断榖、服丹药，结果晋哀帝服药后药性大发不能听政，遂由褚太后再次临朝。365年，晋哀帝便因药物中毒死于太极殿。

晋朝重视任用那些得民心，有忠义名声，往往出身寒素的人，不是局限在豪门显贵中任用人才。与此同时，晋朝任用豪门中嫡宗的子弟。

晋朝对于爵位的控制更重视，因为当时还是实封，要是豪强家族获得实封的民户，必然会造成豪族势力的更加扩充，那朝廷制订的限制豪强佃户、食客的政策就会形同虚设，这些豪门对中央权威和影响力就会构成威胁。因此，司马氏在用人上就更倾向寒素。

在统一战争中，主要的执行者张华、王浚、唐彬都是爵位很低的寒素出身，3人都仅是关内侯，这样战后封赏县侯连升三级能显现封爵优厚，比让郡公、县侯统兵更能招抚人心。

在晋朝出现了地位很高、权势很大，往往爵位却是很低的现象，这种现象是晋朝政治的特点，也是司马氏这样不大的著姓能有效统治的政治基础。像陆玩是兴平伯、陆纳没爵位，两人都是司空，仅陆晔是公爵。

司马氏这样的政策是正确的，因为在封建社会要是宗室不是强族，难以保障世袭封爵的安全，即使开国封爵的祖先忠于司马氏，不能保障儿孙能忠诚，前代功臣不到三代所剩无几的情况对晋朝教训影响很深，过度封爵也会增加社会的不安定因素。

■ 魏晋人物塑像

晋朝的外戚也都理解朝廷的这项政策，外戚几乎没有郡公、县公封爵的，王濛父子没爵位，何准子孙辞让县侯，很多辞让封爵居低爵，或干脆不要爵位。

爵位低的外戚往往也被重用，像胡奋仅是夏阳子，但是任尚书仆射，何冲封的爵位更低，仅是都乡侯，但实际权势在有晋外戚中，罕有匹敌，执掌朝政10多年，后来的桓温集团就是依靠他发展起来的。

西晋时选拔官员仍依曹魏的“九品中正制”。当时世家豪族在政治上、社会上都有很大的势力。在中央做官的，多是世家豪族；做各州、郡大小中

晋朝时期的士大夫服饰

正的，大多也是世家豪族。所以，大小中正品第人物，只重门阀，不论才智，全凭个人的好恶，对政府完全不负责任。

西晋时期，反对“九品中正制”的人很多，一方面表示世族业已控制了选举，而司马氏的政权既以世族为中心，自然不能反对这种制度或阻止这种趋势；另一方面也说明这种制度事实上已为门阀所利用，以巩固其既得的利益。

东晋以后，门阀形式已经凝固，士庶以血缘区别的理论业已建立，所以，反对者也越来越少了。东晋沿两汉旧制，察举孝廉秀才，初期征召试用，以示慰勉。后则诏定考试，并规定了严格的赏罚制度，若不中科者，除本人受到禁锢外，所在州郡官员也要受到惩处。

阅读链接

西晋士大夫石崇和晋武帝司马炎的舅舅王恺争比阔绰，互不示弱。晋武帝常常资助王恺，曾把一棵二尺来高的珊瑚树送与王恺，这棵珊瑚树枝条葳蕤，少有可与之媲比的。

王恺拿来给石崇看，自鸣得意，谁知石崇看后，就用铁如意敲它，应手而碎。王恺既惋惜，又觉得石崇在妒忌他，一时声色俱厉。

石崇叫下人把家里的珊瑚树尽数取出，同样光彩夺目，像王恺那样的就更多了。王恺看了，惘然若失。由此可见，一个人敝帚自珍是不行的。

隋朝三省六部制与科举制

隋朝虽是一个短暂的王朝，但其官制却在我国古代官制史上占有重要的地位。

隋朝朝官制度的最大特点是，集东汉以来朝官制度发展变化之大成，制订了三省六部制，为以后唐宋官制的发展奠定了基础。

同时，隋朝建立的科举制度，把读书、应考和做官三者紧密结合起来，揭开了我国科举史上新的一页。

■ 隋朝开国皇帝隋文帝画像

隋文帝杨坚建立隋朝后，建立以尚书、门下、内史三省以及尚书省六部为核心的朝政机构。

隋朝中央机构主要由三师、三公、五省、三台、九寺、五监组成。

三师，指太师、太傅、太保，既无职事又无僚属，只用以表示对大臣的尊崇。三公，指太尉、司徒、司空，虽可参议国政，但其位常缺。

五省，隋文帝杨坚时指尚书省、内史省、门下省、秘书省、内侍省。隋炀帝杨广时改内侍省为殿内省，仍为五省。

五省中最重要的是尚书、内史、门下三省。三省长官同秉大政，都是宰相。至于秘书省和内侍省，前者管理经籍，后者侍奉皇帝日常生活。

隋炀帝杨广像

尚书省是最高行政机构。名义上的长官是尚书令，但不轻授，实际上由左、右仆射分职治事。下设吏部，主管文官的选用和考课；礼部，主管学校和礼乐；兵部，主管军籍和马政；都官部，主管司法刑政；度支部，主管国家财税；工部，主管工程建设。

六部之长称尚书。每部又有四司，凡二十四司。隋初司官有侍郎、员外郎。隋炀帝时，以侍郎为六部尚书的副职，各司设郎、承务郎。

内史省是中枢制令机构，前身是中书省，隋代因

隋炀帝（569年—618年），一名英，小字阿麽。华阴今陕西华阴人。隋朝第二代皇帝，谥号“炀皇帝、闵皇帝、明皇帝”。他在位期间修建大运河，营建东都迁都洛阳城，开创科举制度，多次外征，造成天下大乱，直接导致了隋朝的灭亡。

■ 隋炀帝出巡浮雕

讳改称。长官是内史令，其属有侍郎、舍人、通事舍人、起居舍人、主书录事。

门下省是隋初是侍奉谏议机构。长官是纳言，副职是给事黄门侍郎，隋炀帝时候去掉“给事”二字，另加置给事郎，属官有录事、通事令史。又有谏议大夫、散骑常侍等，均为谏官。

隋炀帝不喜人谏，省去谏官之职。隋初，门下省还统有殿内等局，负责皇帝的日常生活。

至此，中央核心机构完成了从秦汉三公九卿制向三省六部制的过渡。特别是尚书省下六部二十四司的行政格局，更为唐以后各代相沿不改。

隋代的三台是御史台、谒者台和司隶台。御史台是监察机构，长官是御史大夫，属官有治书侍御史、侍御史、殿中侍御史、监御史。谒者台、司隶台为炀帝所设，分御史台之权。

谏官 我国古代官职之一，是对君主的过失直言规劝并使其改正的官吏。谏官的设置比监官早。春秋初年齐桓公设大谏，为谏官设置之始。晋国的中大夫、赵国的左右司过、楚国的左徒，都属于谏官性质。

隋文帝设十一寺，隋炀帝时改并为九寺。九寺是太常寺、光禄寺、卫尉寺、宗正寺、太仆寺、大理寺、鸿胪寺、司农寺、太府寺。九寺分掌礼仪、膳食、禁卫、宗室、车马、刑辟、属国朝会、上林、太仓、府库、京市等事。各寺长官为卿、少卿。

五监是国子监、将作监、少府监、都水监、长秋监。分掌学校、营造、内府器物、河堤水运、内廷侍奉等事。

九寺五监与尚书省六部二十四司有些职能似有重复，但侧重点不同，后者从制令角度总领行政事务，前者是具体办理所属事务。如礼部掌礼乐典章制度，但行大礼大祭时，一应器物、人员的安排，则由太常寺承办。这种分工一直延续到明清。

隋代选拔官吏的方式，是由国家设立科目，定期举行统一考试，通过考试来选拔官吏，这种做法，也叫“开科取士”。这是我国古代科举制度的最早起源。

582年，隋文帝下诏推举贤良，5年后又下令罢州郡荐举，命各州每年贡举3人，进行考试，得高第者为秀才。隋文帝还要求京官五品以上据此推举人才。隋文帝的这一创举，到隋炀帝时得到进一步发展，隋朝在地方设州学、县学，并要求这些学校向朝廷举荐人才。

贡举 “贡”指“贡士”，《礼记·射义》：“古者天子之制，诸侯岁献贡士于天子。”“举”指乡举里选。古时地方官府向帝王荐举人才，有乡里选举诸侯贡士之制，至汉始合贡、举为一，合称“贡举”。明、清则泛指科举制度。

■ 隋代文官陶俑

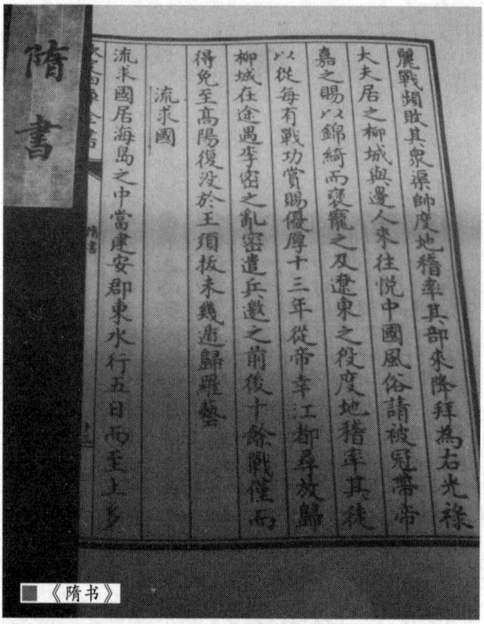
隋書

虓戰頻敗其衆渠帥度地稽率其部來降拜爲右光祿
大夫居之柳城與邊人來往悦中國風俗請被冠帶帝
嘉之賜以錦綺而襃寵之及遼東之役度地稽率其徒
以從每有戰功賞賜優厚十三年從帝幸江都尋放歸
柳城在途遇李密之亂密遣兵邀之前後十餘戰僅而
得免至高陽復没於王須拔未幾遁歸羅藝

流求國

流求國居海島之中當建安郡東水行五日而至土多

《隋书》

在整个隋朝，举行了四五次考试，开始考取的叫秀才，后来考取的才叫进士。隋朝的“进士”“孝廉”和“秀才”都由州郡地方长官推举。

不同的是，进士由州郡推荐后，再由朝廷进行策试，以策试的成绩作为录取的标准、孝廉则以德行为重，但考试成绩不作为标准。秀才考试要求比进士尤为严格，所以应举者极少。隋朝科举属于初始阶段，考试没有定期，考试办法也不完备，但开科取士这个政治措施，把读书、应考和做官三件事紧密联系了起来。隋朝的科举是察举制向科举制的过渡，开创了我国考试制度的新纪元。

阅读链接

杨坚在称帝之后，吸收了北周被自己灭掉的教训，加强对地方的控制。他把自己的儿子们封到各地去驻守，掌管当地及周围的军事。

为了更好地治理国家，他罢黜了一些没有才干的大臣，包括对自己夺取帝位有功的人，将一些有真才实干的人提拔上来，辅佐自己管理国家政务。

在政权基本稳定之后，他便开始了一系列的改革，包括了中央和地方的政治体制、赋税、土地制度、法律、钱币、对外关系等方面。隋文帝杨坚堪称一个有功绩的皇帝。

唐朝完备的官吏制度体制

唐朝的政权组织形式比较合理，它继承和发展了前代的三省六部制，既可相互制约，又分工明确。

同时，唐朝在官吏的选拔、任用、考核、奖惩、监督等方面，也制订了与之相应的制度，使官吏体制更为合理。

唐朝官制在一定程度上确保了政务清明，因而迎来了繁荣昌盛的盛唐气象，创造了我国封建社会最昌盛的时期。

■ 唐太宗李世民画像

■ 唐朝开国功臣长孙无忌画像

唐初官制基本承袭隋制三省六部制，唐太宗李世民为了加强中央集权，逐步加以改革，使这一制度日趋完备。不仅建立健全了完备的中央机构，而且改革强化了地方政权，构成了行之有效的行政机制。

唐朝中央机构由政事堂、台省、卿监、南北衙卫军及东宫官属几个部分组成。

政事堂在唐初设于门下省，为宰相议事之所。唐朝宰相注重集体共同论执朝政，而不是以个人尊官独掌相权。尚书省长官无加衔的不是宰相。

唐玄宗时改政事堂为“中书门下”，下设吏、枢机、兵、户、刑礼五房，分曹办事，从议事所变为办公处。唐后期宰相的名号基本是“同平章事”。

台省指尚书省、门下省、中书省和御史台。

尚书省是最高政务机构，负责执行经中书省起草、门下省审核、最后由皇帝批准的各项诏令。长官是尚书令，因唐太宗即位前曾任此职，此后臣下不敢居此职，遂以左右仆射为尚书省长官。

尚书省有一个总机关，称尚书都省。都省中设尚书左丞和尚书右丞，分掌左右两司，左司管吏、户、

唐太宗李世民（599年—649年），陇西成纪人。唐朝第二位皇帝，谥号“文武大圣大广孝皇帝”，庙号太宗。杰出的军事家、政治家、战略家，书法家和诗人。开创了我国历史著名的“贞观之治”，为后来全盛时期的开元盛世奠定了重要基础。

礼三部，右司管兵、刑、工三部。都省通常不直接参与六部事务，只是实行政务督察。

门下省是对中书省起草的诏令、尚书省拟制的奏疏进行审议的机构，有封驳权。封是封还诏书使不下行，驳是驳正百司奏抄公文失误之处。

长官为侍中，副长官为门下侍郎。具体执行封驳职事的是给事中。门下省分设左右散骑常侍、左右谏议大夫、左右补阙、左右拾遗，均为谏官。门下省与中书省关系最密。

中书省是由隋朝内史省改置，曾先后改名西台、凤阁、紫微省，后仍复名中书省。主要职掌是起草诏命，颁发制敕。长官是中书令。副长官是中书侍郎。具体负责起草诏敕的是中书舍人。

御史台是最高监察机构。武则天时曾改为左、右肃政台，分察朝官和郡县。后又改为左、右御史台。唐睿宗时复旧。御史台台长为御史大夫，台副为御史

唐玄宗（685年—762年），唐睿宗李旦第三子，母亲窦德妃。唐玄宗也称唐明皇，谥号“至道大圣大明孝皇帝”，庙号玄宗。在位期间，开创了唐朝乃至我国历史上的最为鼎盛的时期，史称“开元盛世”。

■《客使图》壁画

■ 魏徵（580年—643年），字玄成。唐巨鹿，今河北邢台市巨鹿县人，又说河北晋州市或河北馆陶市人，唐朝政治家。他曾任谏议大夫、左光禄大夫，封郑国公，谥文贞，以直谏敢言著称，是我国史上最负盛名的谏臣。他的重要言论大都收录在唐时王方庆所编《魏郑公谏录》和吴兢所编《贞观政要》书里。

中丞。大夫不常设，中丞往往是实际上的台长。

唐代不仅在谏官的组织方面进一步完善，而且在实际运行中也很有特色，特别是在唐太宗的时候，谏官职能发挥得比较充分。著名的谏官就是魏徵。魏徵以直谏敢言著称，是中国史上最负盛名的谏臣。

唐代担任中央警卫任务的军队是南北衙禁卫兵。南衙十六卫，沿隋代十六卫府而设；北衙诸军是“安史之乱”后逐渐形成的。北衙禁军中以左右神策军势力最大。北衙禁军形成后，南衙诸卫渐成闲司。

太子 又称皇储，储君或皇太子，是我国封建王朝中皇位的继承人。唐朝时太子的地位仅次于皇帝本人，并且拥有自己的、类似于朝廷的东宫。东宫的官员配置完全仿照朝廷的制度，还拥有一支类似于皇帝禁军的私人卫队“太子诸率”。

东宫官与隋代相仿。除设太子三太三少外，还有太子宾客，职务是侍从规谏，赞相礼仪；侍读，负责教习太子，讲导经学。又置詹事府，改隋门下、典书二坊为左右春坊。左春坊侧重规谏，驳正启奏；右春坊侧重献纳启奏，宣传令言。

唐代官制中一个重要的特点是，在一般行政系统之外，另有使职差遣。所谓使职差遣，指临时派某官办某事，事毕则罢。中央重要的使职有翰林学士和宦官四贵。

翰林学士始设于唐玄宗开元年间。选朝官中有词艺学识者充任，不计官阶，也无官署，只是轮班在宫内学士院住宿，备皇帝咨询，代拟诏诰文书。

由于翰林学士经常在皇帝左右侍奉，参与谋划，极为尊荣，日后往往可以任宰相。唐宪宗时，置学士承旨一人，为翰林之首，时称“内相”。

宦官四贵指左右中尉和二枢密使。中尉原指左右神策军的监军，唐德宗时候改名，是北衙诸军的实际统帅。枢密使的职责是接收章奏，进呈皇帝；皇帝有所命令，枢密使则传达中书门下施行；与宰相共参国政。宦官四贵分割了将相事权。

唐穆宗后，皇帝的废立生杀几乎都有宦官四贵的参与。唐后期宦官专权，主要就是指四贵把持朝政，其中枢密使还有“枢相”之称。

唐代的地方官制也很完备。“安史之乱”前，地方分州或府、县两级。州或府设刺史，县设令。这两级职官配备了有效的下属，并各司其职。

唐代为管理周边地区，又设置了都督府和都护府。都督府初称总管府。都督府设官与府州相仿，惟长官称都督。有大、中、下都督府之分。大都督府都督由亲王遥领，长史主持事务。通常

唐德宗（742年—805年），名李适。唐朝第九位皇帝，谥为“神武孝文皇帝”。在位前期，坚持信用文武百官，严禁宦官干政，颇有一番中兴气象；但在执政后期，德宗委任宦官为禁军统帅，在全国范围内增收税间架、茶叶等杂税，导致民怨日深。

■ 唐朝宰相宋璟画像

唐代服饰

都督总领所管诸州军事防务，同时兼任所在州刺史，“安史之乱”后废除。

都护府与都督府不同，都督府主要任务是掌督所辖州的军事，都护府具有管理羁縻府州的职责。羁縻是笼络的意思，所谓羁縻府州，是指仿内地府州而设在少数民族地区的一种行政单位。

都护府分大都护府和上都护府。大都护府设官有大都护、副大都护、副都护；上都护府设官有都护、副都护。唐代先后设置有安西、北庭、蒙池、昆陵、单于、安北、安东、安南这8个都护府。

唐代地方还有道的设置，前期为监察区，中央不时派出各种使节巡省。唐太宗时候分10道，唐玄宗时候增至15道。唐后期为40道。

“安史之乱”后，道逐渐凌驾于州府之上，又称方镇。道设节度使或观察使。节度、观察都是使职差遣，下有文职和武职。中唐以后，节度使权力扩大，逐渐成为一方军政首脑。

唐代还有关于财政方面的使职。如度支、转运、租庸、铸钱等使，名目不一，或分或合。最重要的是盐铁转运使，驻扬州，又分设巡院于各地，对唐后期的财政有重要影响。

唐代职事官包括台省、卿监、南北衙诸卫军官、东宫官属及州县各级官员，都有品级。分九品，每品又分正从，四品以下正从再分上下，共30个等级。九品以上，统称流内官。

唐代散官又称阶官，有文武之分，各有九品29阶。职事官与散官并不完全一致。散官按资历升迁，职事官则量才选用。官员俸禄与散官品阶相关，所以唐代更重阶官。

唐代勋官不仅奖励军功，而且还扩大到文职。勋级共有十二转，以转数高者为贵。十二转为上柱国，是正二品。以下为柱国、上护军、护军等。一转为武骑尉，视从七品。勋官并无实际职任，只是荣誉称号。

唐代封爵九等，依次为正一品的王，从一品的嗣王、郡王、国公，从二品的开国郡公、开国县公，从三品的开国县侯，正四品上的开国县伯，正五品上的开国县子，从五品上的开国县男。爵位主要授予宗室，功臣也可以获得国公以下爵位。

唐代王公百官俸禄分为土地、实物及货币三种。土地又分永业

唐朝群臣雕像

■ 唐朝名相张九龄画像

田、职分田。永业田按勋、阶授给。职分田按职事官品级授给。禄俸给粮和钱，均以散官品阶为标准。唐制封爵有食邑，亲王以下至男爵的食邑都是虚封。

唐代官吏管理制度包括3个方面：一是严格官员选任制度，二是实行官员考核奖惩制度，三是健全官员监督制度。

唐代官吏的选拔方式主要有科举、门荫和入流。科举即“分科举士”，按科目性质又可分文举、武举。门荫是指因父祖为高官，子孙无须经过考试而直接取得做官的资格。

门荫 凭借祖先的功勋循例做官。门荫盛于唐朝，在唐朝亦称恩荫。恩荫是我国上古时代世袭制的一种变相，是指因上辈有功而给予下辈入学任官的待遇。从唐书所载，以门荫而至宰相的人之中，有政绩的有褚遂良、姚崇和李吉甫、李德裕父子等人。

入流就是流外官员经过考铨，升职为流内官员。其中科举是选拔人才的主要方式。通过考试取得做官的身份，就获得了进一步考官的机会，经过吏部的考试，最后真正成官。

唐代任官考试由吏部负责，并以身言书判四项为考试内容。笔试、口试结束后，根据考试成绩，并综合考察官员的品德、才能、勤劳等诸多方面，予以评定品级，并最后正式委任。

在科举选拔官员的基础上，唐代又对官吏的功过、品行和才能等规定了一套考核制度，定期对官吏进行考核评定，并根据考核结果对官吏进行升降赏罚。一是考课制度，二是奖惩制度。

“考课”就是考核政事的优良得失和考核官员的功过善恶。唐朝所有官员不论职位高低，每年都需经过一定的考课，称为小考；每隔三五年，又举行一次大考。

对官吏的考课工作是由尚书省的吏部主管，且具有严格的标准和具体的内容，最后评定上、中、下3等9个级，依据不同等级予以不同程度的奖惩。

奖惩制度是以考课为基础的。国家依照所颁布的法令和行政规则，在一定的年限内，对各级官吏进行考核，并且依其不同表现，区别不同等级，予以升降赏罚。

考课列于中等以上的官吏，在政治上可以升官，在经济上可以加禄；反之就要降级罚禄，情节严重的，甚至要受到罢官的处分。

唐代官吏的监督制度已经相当健全和成熟，唐代官吏监督机制包括以下3个方面：一是考核，二是御

身言书判 唐选官时考核的内容。唐代士子通过礼部试，必须再通过吏部选官一关。其内容是：身，体貌丰伟，言，言辞辩证，书，楷法遒美，判，文理优长。四者合格，再经注、唱，方由吏部上于尚书仆射，再由仆射转门下省反复审核。

唐代《步辇图》

古代科举考场匾额

史台，三是谏议制度。

唐代“考课”制度起到了对百官进行监督的作用。通过定期对官吏的考核，评定其功过，保证官员依法行政，使国家政绩得以保障。

唐代设有负责监察的御史台。御史台是独立于其他机构之外的专门的监察机关，其主要职责是对国家政策、法令的执行情况，以及最高统治者执行政务的情况进行监督，提出意见或批评，甚至可直接对皇帝本人进行规谏。

通过对一切官僚进行全面监督的作用，保证了中央及地方各级官员依法行政，提高行政效率和质量，巩固中央统治。

阅读链接

唐太宗李世民深得用人之道。

有一次，唐太宗责问宰相封德彝为什么好久也没有推荐一个人，封德彝回答说：“不是我不尽心去做，只是当今世上没有杰出的人才啊！”

唐太宗一听批评他说：“用人跟用器物一样，每一种东西都要选用它的长处。古来能使国家达到大治的帝王，难道是向别的朝代去借人才来用的吗？我们只是担心自己不能识人，怎么可以冤枉当今一世的人呢？”

唐太宗既能用人之长，又能容人之短的用人之道，让封德彝汗颜。

近古时期

德才兼备

从五代十国至元代是我国历史上的近古时期。五代十国是唐末藩镇割据的继续和发展，分裂局面下的选官用官制度异常混乱。

宋代官僚机构的臃肿庞大，是造成宋朝“积贫积弱”的一个极其重要的原因。元朝建立和统一后，以中书省领六部掌全国政务，三省六部制演变成为一省六部制，中央集权进一步加强。

但元朝的民族歧视，导致官僚机构往往难以有效运作。从总体上看，专制主义中央集权的不断加强是这一时期的发展轨迹，其影响同样是深远的。

五代十国时期的官制

自从朱温篡夺唐王朝后，中国历史进入了“五代十国”时期，五代十国是连接唐、宋两大王朝的5个小朝廷和10个割据政权。五代十国官制大体沿袭唐制，朝廷以三省六部为主干；地方官制也是州、县两级，重要城市设府。

此外，五代各割据政权在对峙的局面下，还建立了相应的武装力量体制。五代十国官制废置不常，比较混乱，但这恰恰反映了这个特定时代的历史面貌。

■ 五代大梁王朝建立者朱温画像

五代是后梁、后唐、后晋、后汉、后周。除后唐建都洛阳外，其余都建都开封。十国是前蜀、后蜀、吴、南唐、吴越、闽、楚、南汉、南平、北汉。北汉建国于今山西境内，其余九国都在南方。

■ 五代十国时武士浮雕

五代十国的中央行政机构，主要设有主管行政的三省六部、主管财政的三司与主管军事的枢密院，这个制度后由宋朝继承。

三省为尚书省、门下省与中书省，下设六部尚书，并分司办事。

五代方面，后梁朱温重新设置唐朝空置的尚书令，并且定为正一品，改唐朝的尚书左右丞为左右司侍郎。又设中书门下省，置“中书门下平章事”，改司政殿为金銮殿，设大学士一员，以崇政院使敬翔为金銮殿大学士。

后唐李存勖恢复唐朝旧制，并访求唐时宦者悉送京师，于是宫内各执事和诸道监军都用宦官。他采纳宦官的建议，分天下财赋为内外府，州县上供者入外府，充经费；方镇贡献者入内府，以便给赐左右。其宦官跋扈之势俨然重现，引起朝臣的不满。他还设左右仆射，与尚书左右丞均为正四品。

五代基本地沿袭了唐朝中后期的中书门下制度。中书省和门下省的官员品级比唐朝高，其长官侍中在

李存勖（885年—926年），也作李存勗，神武川之新城，今山西雁门人。他是五代时期后唐政权的建立者。923年在魏州，今河北大名府称帝，国号“唐”，史称后唐，是为后唐庄宗。同年灭后梁，实现了对我国北方的大部统一。

石敬瑭 （892年—942年），太原沙陀族人，五代时后晋王朝的建立者，即后晋高祖。石敬瑭年轻时朴实稳重，寡言笑，喜兵书，重李牧、周亚夫之行事。当时正值后梁朱温与李克用、李存勖父子争雄，石敬瑭冲锋陷阵，战功卓著。

唐代宗以前均为正三品。后晋的石敬瑭也担任前朝中书令，石敬瑭建立后晋时，中书令和侍中均为正二品，左右常侍从三品升为正三品，门下侍郎从正四品升为正三品。

十国方面，设有等同于宰相的官职，如楚、吴的左右丞相，吴、南汉的参知政事，吴的参相府事等，都等同于宰相的职称。

三司使专管财务，至五代时才确定。早在唐朝时就有户部、度支、盐铁等三司分管租税、财务收支和盐铁专卖、物资转运事务。后唐曾设置租庸使以管辖三司，最后正式设置三司使和副使以管理朝廷财务。地方财政也需听从三司使的命令。以后历朝相承不废，宋朝设置的三司就是缘自五代。

■《韩熙载夜宴图》局部

枢密院掌管军事，又大多为武将。枢密使掌握军事，其实权往往超过宰相，可直接下令任免藩镇。所以通常由皇帝最亲信的臣僚充当，有时又以宰臣兼任枢密使。

例如959年后，周世宗柴荣命司徒平章事范质与礼部尚书平章事王溥参知枢密院事，借此以加强文人官僚制度。早在唐代宗时就以宦官掌枢密，所统领的左右神策军护军中尉与两枢密使共称“四贵”。此后宦官往往侵夺相权，甚至废立皇帝。

唐朝后期，朱温大杀宦官，至此开始用朝臣充任枢密使。朱温建立后梁后，改枢密院为崇政院，改枢密使为崇政使。

五代十国时期的货币天策府宝

923年，李存勖又复称枢密院，并设枢密使与副使。后晋曾以宣徽使代之，但不久又恢复。中书和枢密对掌文武两柄的方式，最后由宋朝所继承。而十国等各国或地方藩镇也大抵置有枢密使或相当于枢密使的官职。

五代十国的地方官制继承唐朝后期的形式，即道、州、县三级行政。五代注重对地方官的考课，令其忠于职守，后梁、后唐皇帝都诏谕吏部注意州县官不得姑徇私情。

五代各朝帝王多出自唐时藩镇割据的节度使，全以牙兵即亲军拥立攫取皇位，所以他们非常注重亲自控制亲军，强化对中央禁军的统御。但由于封建割据日趋严重，朝代更迭频繁，各个割据政权的军事制度十分混乱。

五代时期的武装力量可分为中央禁军、地方军和乡兵。中央禁军为军队主力，包括禁卫六军与侍卫亲

周世宗（921年—959年），邢州尧山柴家庄，今河北省邢台市隆尧县人，他是五代时期后周皇帝。在位时，整军练卒，裁汰冗弱，招抚流亡，减少赋税，使后周政治清明，百姓富庶，中原开始复苏。

军两部分，皆由皇帝直接控制。六军一般各分左、右，实为十军以上。

中央军的编制，在五代各朝不甚一致。单以后周为例，后周的侍卫亲军和殿前军逐渐形成厢、军、指挥即营、都四级编制序列。

厢分左、右，每厢辖10军，设厢都指挥使一人，每军辖五指挥即营设都指挥使、都虞侯各一人；每指挥辖五都，约500人，设指挥使、副指挥使各一人；每都100人，步军设正副都头或军使、马军设正副兵马使各一人。

后周殿前军置正副都点俭、正副都指挥使、都虞侯各一人，统领散员、散指挥、散都头、内殿直、散抵候、东西斑承旨、大剑直等诸班直。诸班直都选拔骁健的武士编成。

五代各朝军队体制多变，且名号繁多。后梁六军有龙虎、羽林、神武、天武、英武和天威。后梁以六军诸卫为中央禁军，并始置侍卫马步军为皇帝亲军。六军诸卫内统军和将军统领，侍卫亲军则由皇帝自统。

后唐初以马步诸军为总管，统治诸部骑兵及汉兵，后改用唐制，以侍卫亲军都指挥使兼判六军诸卫事，成为中央直辖各军的统帅。

后晋将侍卫马步军都指挥使升为最高统兵官，统领全部禁军，六军诸卫制遂废，侍卫飞步军成为中央禁军的总称。后汉沿后晋之制。

后周将护圣改名龙捷马军，隶属侍卫司，与殿前司之铁骑马军等后周中央禁军中四大主力。

另增殿前都点检，统领殿前诸班马步诸军，与侍卫马步军平列，形成殿前与侍卫两司分享中央禁军的体制。

五代的地方军自镇以上置使掌管军事，如节度使、观察使、防御使、团练使、刺史等，且冠以地域名称。州镇军、郡主将以上军职，由朝廷任免。

战时，各级所辖军队奉诏出征，分设招讨使、都统、行营都指挥使等率领作战。将帅之职则由受命征伐的蕃帅充任，战毕即免。

地方军多袭唐末藩镇旧制，主要由牙军或称衙军编成，属藩帅自置亲军，实为藩镇军。牙军既是五代军队的基础，也是私人武装的核心。

此外，还有义儿军，即由藩帅选骁勇善战者组成的亲军，并以有显著战绩者任军使，与藩帅形成密切的依附关系。地方军主要驻守藩帅治所的地方，兼有征伐与戍边守备之责，并随藩帅迁留。

由于各镇辖境大小不同，地方军编制的牙兵人数不等，少则几百，多则几千，有的上万。基本

牙军 即亲兵或卫兵。唐朝节度使的亲兵名称，是中唐以后节度使的私兵，是节度使专兵的产物。唐代节度使的官署称为使牙，节度使专门组织一支保护牙城与使牙的军队，叫牙军，或称衙兵。他们有时也被派到外地作战。

■ 五代十国时期青釉提梁倒注壶

孟知祥（874年—934年），字保胤，邢台县人。他是五代十国时期后蜀的建立者，后蜀第一位皇帝。原为后唐西川节度使，明宗李嗣源时又成成都西川节度使。934年，他趁后唐内部皇位争夺之机在成都即皇帝位。

建制单位为指挥即营，每营500至1000人。后唐孟知祥镇蜀时，有牙兵16营，共1.6万人，每营即为1000人。

地方军以步兵为主，马军即骑兵居次，水军也有一定比例。水军南方十国多于北方，江南的吴、南唐、吴越、楚、闽和蜀等国皆置；中原五代的后唐置水军五都，后周也建有水军。水军多以指挥使统领，常冠飞棹、楼船、战棹等名称。

乡兵是守卫乡土的民兵，有时也补正兵不足，应调参战。乡兵的组成，多从所在乡的丁壮中征集。后唐剑南东川节度使征集民兵，于剑门北防守水定关。

后晋规定每七家税户出一兵，共备兵械、改装，组成义军。当时后唐诸州所集乡兵7万余，通以“武定军”为号。后周也在秦州一带编点税户充保毅军，教习武技，征役时官发口粮。此外，南方十国中也有乡兵。吴有“团结民兵”，南唐、后蜀、楚有乡军或

■ 五代乐伎石像

五代残存石像

乡兵，均用以自卫乡里。

五代主要实行募兵制，也强征民丁入伍。后梁募兵后为防止逃亡，标明隶属关系，实行“皆文其面，以记军号”的制度。幽州节度使刘仁恭规定，凡境内男子，无贵贱，15岁以上，70岁以下，皆刺“定霸都”3字，共得众20余万。

招募对象主要是流亡农民、破产之家或违禁犯法之人。有些藩镇牙军中的兵士，父子相袭，世代为兵。为应付频繁的战争，还强征民间丁壮入伍。后梁征发诸郡死亡将士兄、弟、子、侄服役。

比如，李存勖曾将其境内丁壮，悉驱南征决战，以救上党之急；后唐发民为兵，自备盔仗；后晋在频年灾荒、百姓饥疫的情况下，兵士不足则扩大年龄标准，战骑不足则借来别人的马匹。后周太祖郭威曾在951年，以十户征招一人为兵，其余九户以器物资助。

南方十国也实行强征入伍的办法。比如，吴越先是募兵，久无应

刘知远（895年—948年），后汉高祖，五代后汉开国皇帝。其祖先本为沙陀部人，世居太原。947年，刘知远在太原称帝，沿用后晋高祖年号天福，，自称为东汉显宗八子淮阳王昞之后，改国号为“汉”史称“后汉”。

者，遂抓壮丁入伍，而且凡是被抓来的，兵粮减半；南唐凡是能披坚执锐的百姓都随时为兵，并规定一户有三丁者，必有一人从军。此外，五代后期，还实行以降兵隶军的办法扩充兵员。

五代时期，除经常的庞大军费开支外，军将为驱使部下卖命，对士兵的赏赐很多。后汉高祖刘知远把后宫所有的资财拿出来养军。养军耗费极大，相沿成习，成为各代的沉重负担。

鉴于军队骄悍，纪律松弛，打起仗来往往溃败等情况，后周世宗决计整顿军队。于954年高平之战险遭失败后，先斩不战先溃的右军主将以下70余军吏，使将士不敢懈怠；又选诸军精锐者升为上军，羸弱者予以遣散；还挑选各节度使属下的骁勇之士，组成“殿前诸班”，用以削弱地方兵权。这也为宋朝的建立奠定了基础。

■ 五代周文矩《文苑图》局部

五代的军事领导体制不成体系。与其他军事体制相比，枢密院是五代十国时期较稳定的军事领导体制。枢密使一职来源于唐后期，以宦官充任，五代时改由士人充任。

后梁之初尚无统一的全国军事机构，经过一段时间后才逐渐建立起统一的禁军指挥系统，这就是以枢密使为长的枢密院，从而形成了全国最高军事领导机关。后梁革除宦官掌枢密之弊，改由文士任要职。

五代周文矩《文苑图》局部

后唐沿用唐末枢密院一名，有关内外军政长官与将帅任命，包括军队调发、屯戍，粮食征调，马政控制及甲仗发放等军国要政全由其掌领，但不直接掌管军队的指挥。枢密使地位实际高于宰相，并以诸卫将军充任都承旨、副承旨等属官。

阅读链接

李克用懂得用人之道。李克用去世前，曾向晋军主要将领“托孤”，把兵权交给了长子李存勖。

李克用交给李存勖三支箭，每只箭代表一桩李克用未能完成的功业，代表一个仇敌。一是幽州的刘仁恭；二是契丹的耶律阿保机；三是大梁的朱温。

不用说，如果打败这“三大敌人”，天下也将归功于李存勖。此后，李存勖每次出征，都会前往家庙，郑重地请出一支箭，装在随身锦囊里出征。凯旋之日，再送还家庙。成语“还之以矢”的典故，就是来自这里。

宋朝官制加强了中央集权

宋朝专制主义中央集权达到前所未有的程度，基本上消除了造成封建割据和威胁皇权的种种因素。

宋朝政治体制的主要特点就是加强中央集权，中枢官制是中央集权的轴心。在宋朝职官制度上，百官权力分散，重文轻武，权力越来越集中到皇帝手里。可以说，专制主义中央集权的加强是从宋朝逐步发展的。

■ 宋太祖赵匡胤画像

■ 宋代官员使用的官印

宋朝的中央机构可以分为行政、军事、财政、司法监察和为皇室服务的机构这5个系统。

宋朝行政系统，最高长官仍为宰相，其特点是官名变化多，且权力小于前代。

宋初，沿唐后期和五代制度，设中书门下。中书门下设于宫中，又称政事堂，为正、副宰相治事之所。正宰相称同中书门下平章事，副宰相称参知政事，各设一至三人。下设孔目、吏、户、兵礼、刑等五房，置检正五房公事、提点五房公事等官，处理具体事务。

宋神宗改革官制，撤销中书门下，恢复唐初三省六部制度，以尚书左仆射兼门下侍郎为左相，尚书右仆射兼中书侍郎为右相，以门下侍郎、中书侍郎、尚书左右丞为副相。

宋高宗又以左、右仆射兼同中书门下平章事为宰相，参知政事为副宰相。又改左、右仆射兼同中书门下平章事为左、右丞相，仍以参知政事为副宰相。

北宋前期，三省六部二十四司几同虚设，很多官称失去了原有的意义，已不代表具体职务，仅作为官品高低、俸禄多寡的依据，称为寄禄官，真正权力转向一些新设置的机构。

宋高宗（1107年—1187年），赵构，即字德基。南宋开国皇帝。统治期间，重用投降派秦桧，后以割地、纳贡、称臣等屈辱条件向金人求和。赵构还是历史上有名的书画家，著有《翰墨志》一卷，有《草书洛神赋》传世。

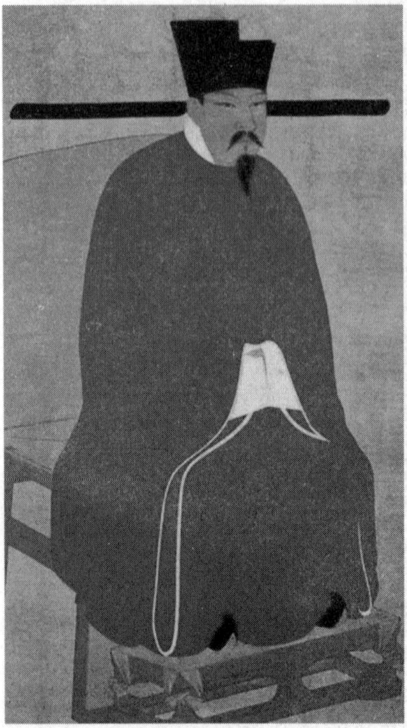

■ 宋神宗 （1048年—1085年），即赵顼，原名仲针。宋朝第六位皇帝，由于对疲弱的政治深感不满，且他素来都欣赏王安石的才干，故即位后命王安石推行变法，以期振兴北宋王朝，但由于操之过急，最终失败。

如掌管军政的枢密院，总管财政的三司，掌管制、诰、赦、敕、图书的学士院，掌受天下奏状、案牍及颁布命令的银台司、通进司、发敕司，负责中下级文武官员任命、考核、黜陟的审官东院、流内铨、审官西院、三班院，负责礼仪的太常礼院等。

宋神宗改制后，除少数机构外，这些机构大多陆续被撤销，从而恢复了三省六部二十四司的职能。原中书门下之权分属三省，中书省取旨，门下省覆奏，尚书省施行。三省成为最高政务机构。六部除兵部外，其他五部也得到充实，特别是吏部，不仅管中低级文官，而且管武官，职权比唐代有所扩大。

南宋时候，中书省与门下省合并为中书门下省，与尚书省实为两省，但习惯上仍称三省。三省不另设长官，由宰相、副相通治或分治三省事务。六部设官减少，各部或由尚书或由侍郎主持部务。二十四司亦有所省并。

宋朝寺监设置有太常、宗正、卫尉、太仆、大理、鸿胪、司农、太府光禄九寺，国子、少府、将作、司天、军器五监。北宋前期九寺五监中，除大理寺、国子监、司天监、都水监、军器监外，与三省六部情况相仿，名存实亡，职权被其他机构夺取。

宋神宗改制后，撤销司天监，另设太史局，九寺五监始各司其职，设官职掌，一如唐制。但各寺职务繁简不一。

南宋时候，各寺监有所省并。如鸿胪寺、光禄寺并入礼部，卫尉寺、太仆寺并入兵部，少府监、都水监就并入了工部。

北宋枢密院是总管全国军事的最高行政机构，与中书门下并称二府。枢密院长官为枢密使或知枢密院事，次官是同枢密院事或枢密院副使，资历再次者则称签书枢密院事或同签书枢密院事。

枢密使的地位相当于同中书门下平章事，副使相当于参知政事。枢密院主次官与参知政事同称“执政官”。宰相与执政官又合称“宰执”。枢密院下设兵、吏、户、礼诸房，置都承旨、副都承旨，分管各种具体事务。

宋朝枢密院长官多由文人担任，不用宦官，武将任此职者也极少，仅狄青、曹彬、王德用数人。枢密院有调兵之权，但不直接统领军队。掌管禁军的是三衙。

宋初沿用后周制度，设殿前司与侍卫司。但殿前都点检、副都点

开封府

检与侍卫司的都指挥使、副都指挥使、都虞侯，逐渐不再任命。以后，侍卫司又分裂为侍卫马军司和侍卫步军司，与殿前司合称三衙。三衙长官都称都指挥使，副职有副都指挥使、都虞侯。其属有指挥等武官。宋初三衙长官有统兵出征者，后来则无。

枢密院与三衙互相牵制，平日枢密院掌握调兵权，三衙掌握管理训练权，统兵出征时则另外遣将，三者都不能拥兵自重，从而防止了宋朝兵变的发生。

宋朝财政系统，国家财政管理的主要机构是三司和部。三司即盐铁部、度支部、户部。三部各设正使、副使、判官。三司使称计相，地位略低于参知政事。

宋神宗改制时，撤销三司，分其职于尚书省户部。三司使则由户部尚书取代。但全国财政大权又绝非尚书省所属户部所能全面经理，所以北宋后期又有总领财赋官及经制使。经制使主要掌管东南财政。

内库始于宋太祖建封桩库，宋太宗时扩大为内藏库，以后内藏库规模不断扩大，收入大，支出广，朝廷重大财政开支多仰仗于内库。内库的主管，多为内臣或专门委派的朝臣，宰相、三司皆不得过问。

宋朝司法系统，北宋前期有刑部、大理寺、御史台和审刑院。刑部掌刑法狱讼。不过北宋前期刑部职权多被侵夺，或由他官兼理，或由御史台来审断。

大理寺负责详断各地奏报案件。御史台有推直官和推勘官，负责司法方面的事务。审刑院设于宫中，有知院事一人和详议官六人。

北宋前期，凡案件经大理寺审断，报审刑院复查，由知院事和详议官写出书面意见，上报中书，奏请皇帝裁决。事实上，审刑院侵夺了刑部复审权，成为皇帝直接控制下的最高司法机构。宋神宗诏令审刑院并入刑部，重新恢复刑部和大理寺为最高司法机构。

宋神宗改制后，刑部设尚书、侍郎、郎官、员外郎和都官郎中、比部郎中、司门郎中等官职；大理寺置卿、少卿、正、推丞、断丞、评事、主簿等官职。宋朝大理寺的特点是内部分左、右二寺，左寺断刑，右寺治狱。审问与判决分别由不同机构官员担任，可以互相监察，保证司法的质量。

最高监察机构仍是御史台。宋朝监察御史无分察地方之责，主要是监察尚书六部。与御史台职能相近的有谏官，设左右谏议大夫、补阙、拾遗等职。

宋太宗时候，改补阙、拾遗为司谏、正言。这些官职，虽名为谏官，但无诏令并不任事。宋仁宗初年正式成立谏院，长官称知谏院事，以司谏、正言充任。宋神宗改制，废谏院，以左右谏议大夫、司谏、正言任谏职，分隶门下、中书两省。

封桩库 宋库名。宋初收缴各割据势力所藏金帛至京师，另置库储存，称封桩库，每年节余亦存入此库。传宋太祖曾拟以此库存钱赎回燕云十六州。宋太宗先改名右藏库，978年又改为内藏库。南宋孝宗时再置封桩库，分上下二库，收存各种杂税收入，以备急用。

■ 宋朝抗金名将李纲塑像

■ 宋太宗（939年—997年）赵炅，本名赵匡义，后因避其兄宋太祖讳改名为赵光义，即位后改名炅。宋太祖驾崩后，38岁的赵光义登基为帝，在位共21年。即位后，他继续进行统一事业，鼓励垦荒，发展农业生产，扩大科举取士规模，编纂大型类书，设考课院、审官院，加强对官员的考察与选拔，进一步限制节度使权力，力图改变武人当政的局面，确立文官政治。这些措施顺应了历史潮流，为宋朝的稳定做出了重要贡献。

宋承唐制，也设有翰林学士院，并正式成为国家机构。学士院中有翰林学士若干。学士中资历深者称承旨。入院未授学士衔的称直院。

如学士缺，他官暂代学士职务的称权直。冠有翰林之名而不属学士院的有翰林侍读学士、翰林侍讲学士，以在皇帝左右进讲书史为职。宋朝翰林学士待遇优异，地位仅次于正副宰相、枢密使和三司使，为群臣所仰慕。

此外，宋朝还新增设殿阁学士。如龙图阁、天章阁等藏书处，各置学士、直学士、待制、直阁等官。这些官员的职责是管理秘籍，为文学侍从之臣。不过朝官外出也往往加某某阁学士的头衔，以示恩宠。北宋著名政治家、清官包拯，经常用龙图阁直学士，就是这类官称。

为皇帝服务的宦官机构有入内侍省和内侍省。入内侍省，设都都知、都知、副都知、押班等，掌管宫廷内部生活事务，与皇帝、皇后最为亲近。内侍省，设左右班都知、副都知、押班等，掌管殿庭洒扫等杂役。太子官署称东宫官，设置与唐代相同，皆以他官

龙图阁 宋代阁名，宋真宗纪念宋太宗的专门宫殿。收藏太宗御书、御制文集、各种典籍、图画、宝瑞之物，以及宗正寺所进宗室名籍、谱牒等。其又先后置待制、直学士、直阁等官。北宋包拯曾任龙图阁直学士，故民间戏曲小说中以“包龙图”称之。

兼任，太子即皇位后即废。

宋朝地方分路、州、县三级。宋初沿唐制，将全国分为十道。

宋太宗改道为路，凡15路；宋仁宗初年为18路；宋神宗增至23路；宋徽宗时候又增至24路；南宋仅存17路。宋朝的路具有地方监察区和行政区的双重性质。路的主要机构设置有安抚使司、转运使司、提点刑狱司、提举常平司：

安抚使司，北宋各路不全设，南宋时普遍设置。长官为安抚使，通常由本路最重要的州府长官兼任。主管一路军政，同时也兼理民政。南宋前期，安抚使为路的第一长官。

转运使司，最初也是临时机构，宋太宗时候改为正式机构。长官是转运使。若兼任两路以上，官位较高，则称都转运使。副长官有转运副使、转运判官。主管一路或数路财政和漕运。

宋代官员包拯和侍卫雕塑

开封府

提点刑狱司，宋太宗时候始设，后罢。宋真宗时候复设，遂成定制。长官是提点刑狱公事，也称提点刑狱。副长官是同提点刑狱公事，或武臣提刑。主管一路司法。

提举常平司，宋神宗时候始设。长官为提举常平使。主管一路常平、义仓、免役、市易、坊场、河渡、水利等事。

路下的府、州、军、监同为一级。一般多称州，领数县或十几个县；国都、陪都以及皇帝即位前居住过或任过职的州称府；军事要冲之地称军；盐铁矿冶之区称监。

开封府称东京，有时设置府尹，多以太子、亲王担任。如无人任尹，则由待制以上官员充任。包拯曾知开封府事。

府设知府事，州设知州事，军设知军事，监设知监事。“知”是主持的意思，知州事总管一州的行政、财赋、军事等事。知州通常由中央指派文官充任。又设通判，同领一州之事，对主官有监督之责，各种公文须由通判和知州事联合签署才能生效，从而形成了对知州事权力的牵制。

地方行政最低一级为县。县分京师内的赤、京城外的畿、4000户以上的望、3000户以上的紧、2000户以上的上、1000户以上的中、不满千户的中下、500户以下的下这8等。县设令，如以京朝官领县事，则称知县。

食实封 受封爵并可实际享用其封户租赋。按照宋朝官制，食邑1500户以上始加食封。宋代食实封每户给钱25文。宋代的所谓食实封已经完全俸禄化了。

县令或知县负责一县之民政、财政、狱讼等事，若县有驻军，则兼兵马都监或监押。属官有主簿和尉。主簿分管官物和簿书，尉在主簿之下，分管训练弓手，维持治安。令、主簿、尉，常不全置。

北宋前期的官品为九品三十阶。宋神宗改制，重订官品，设九品正从十八级。

北宋前期散官阶也沿用了唐制，为官吏的一种附加性官衔。文散官从开府仪同三司到将仕郎，共二十九阶。

■ 大宋提刑官宋慈画像

武散官从骠骑大将军到陪戎副尉，共三十一阶。勋官十二阶，与唐制相同。宋徽宗曾罢文官勋官，南宋时又恢复。

宋朝爵位分为十二级：王、嗣王、郡王、国公、郡公、开国公、开国郡公、开国县公、开国侯、开国伯、开国子、开国男。凡有爵位的都有食邑，以户为单位。不过食邑是个虚数，食实封才是实数。

宋朝第八位皇帝宋徽宗画像

食实封者，按实封一户每日计钱25文，随月俸向官府领取。

宋朝官员正俸多以钱计算，禄粟以粮食计算，春秋服装以匹帛计算。不过有时应发放实物的也折合成钱。除俸禄外，还有各种名目的额外补贴。

高级官员也有食邑之封，地方官有职分田。总的来说，宋朝官员的物质待遇在历史上各朝代中要算最优厚的了。

宋朝官吏的选任，沿用唐代科举制度，但宋朝由于经济的发展和门阀制度的衰落，科举考试向庶族地主及中小地主知识分子广泛开放。对于士大夫，只要文章、诗赋合格，就可录取。这是扩大统治阶级基础的重要措施。

宋朝建立了一套监察官员的渎职惩处制度、选拔的标准和职务回避制度。宋朝对具有纪委职责的监察官员有着严格的规定，甚至监察

阅读链接

北宋初年的一天，宋太祖赵匡胤按照惯例会见当年新考上的进士。新录取的进士有11人，诸科28人。

这些未来官场的后备官员来到皇帝日常主持重要会议和政务活动的讲武殿，接受皇帝的接见。简单地试探之下，宋太祖居然从中间揪出了两个通过科场舞弊录取的人。

宋太祖借着这样一个事件，为科举考试增加了一道新的考试程序，那就是让士子与皇帝面对面地殿试。这样一来，皇帝就把对文官的选拔权牢牢地攥在了自己的手中。

辽夏金官制各具特色

辽、夏、金与中原的宋朝属于多个民族政权并立，并有自己的民族特点。在这一时期，北方游牧文化区的各民族，在政治上不断借鉴中原汉族农耕文化区优秀的政治体制，各自形成了我国官制史上独具特色的官制，促进了各游牧民族的转型，也极大丰富了我国古代的官制度。

辽、夏、金各个政权富有特色的官制体系，对后来的元明清时期官制进一步发展产生了一定影响，为近代官制的发展奠定了基础。

■ 契丹武士复原图

耶律阿保机（872年—926年），辽开国君主。耶律阿保机自幼聪敏，才智过人，经过多年征战，把北方各族统一在自己政权统治之下，建立起幅员广阔的辽王朝。他任用汉人韩延徽等，制订法律，改革习俗，创造契丹文化，发展农业、商业。

辽是契丹人建立的政权，创建者为耶律阿保机。辽逐步形成了一套双轨官制，就是在皇帝之下，分设辽官和汉官两大系统。

辽官称北面官，是契丹自立的制度；汉官称南面官，是入居汉地以后仿照唐、宋制度而设置的。辽官、汉官官署分设于皇帝牙帐的北面、南面。这种双轨官制在中国官制史上尤具特色。

北面官大体可以分为四类：

第一类是管理契丹部族事务的机构。契丹建国前分为八部，建国后把八部分编为北府和南府，分别由北府宰相和南府宰相统管。

■ 辽代人物蜡像

北府宰相通常由皇帝的亲族成员充任，南府宰相由皇后的亲族成员充任。皇帝称天皇帝，皇后称地皇后。地皇后权力很大，可参与军国大政。辽圣宗母承天皇后萧绰，裁决国事长达40年之久，是我国历史上很有影响的皇后。

第二类是管理皇族、后族事务的机构。大惕隐司，设惕隐、知惕隐司事、惕隐都监，掌皇族之政教。大国舅司，设常衮、太师、太保、太尉、司徒、司空等官，掌后族事务。

又有北、南宣徽二院，北院设知北院宣徽使、知北院宣徽

■ 澶渊之盟蜡像

事、北院宣徽副使、同知北院宣徽事，南院亦如之。掌北、南二院御前伺候和照应之事。

第三类是政务机构。在北面官中，北枢密院地位最高、权力最大。设北院枢密使、知北院枢密使事、知枢密院事、北院枢密副使、知北院枢密副使事、同知北院枢密使事、签书北枢密院事。其中，北枢密院掌握军权，以后发展到司法、刑狱、赋役、职官无所不统，成为实际的宰辅机构。

第四类是军职机构。北面军官按宫帐、部族、属国等各自为军。设天下兵马大元帅、副元帅，由太子、亲王担任。各军设大将军府，统所治军之政令。

在辽初建时，朝官中设有政事令、左右尚书和汉儿司。政事令相当于中原王朝的宰相，左右尚书相当于副相，汉儿司主管汉族事务。

与北面官相同，南面官中最重要的是南枢密院。南枢密院设官与北枢密院相同，掌管汉军兵马之政，下设吏房、兵刑房、户房、厅房等机构。

萧绰（953年—1009年），小字燕燕，辽皇太后，辽景宗耶律贤的皇后。在民间戏曲中被称为萧太后。我国辽女军事统帅、政治家。969年，她被册封为皇后，因辽景宗体弱多病，所以萧绰多临朝摄政。萧绰在母寡子幼的情况下稳定了辽朝局势。

辽代人物像

南面官中比较重要的是翰林院。翰林院是掌管起草汉字文书、诏令的机构。契丹人任翰林职的称南面林牙。南面官不全是汉人，也有契丹人。

辽朝设有五京，即上京临潢府、中京大定府、东京辽阳府、南京析津府、西京大同府。辽五京中的东、中、南三京各设宰相府，有左右相、左右平章政事。五京皆设留守司，为南面官。五京辖区称道，有上京道、中京道、东京道、南京道和西京道。契丹族主要分布在上京道、中京道，首领称令稳。

辽圣宗时候有51部，首领改称节度使。此外还有一种特殊的建置，称头下军州。这是辽诸王、外戚、大臣及诸部将以俘掠的人口，建立起州县，集中奴役的一种形式。东京、西京、南京各道沿用唐代制度，

李元昊（1003年—1048年），又名曩霄，因先世宋赐赵姓，故又称为赵元昊。1038年，他自立为帝，脱离宋朝，国号“大夏”，亦称西夏，定都兴庆府。建国后多次与宋、辽交战，奠定西夏在辽、宋两国的地位。

设州县，州有节度使、刺史，县有县令。

> **西辽** 存在时间是1131年至1211年。是我国古代契丹族建立的国家。也称黑契丹，哈剌契丹。由辽朝大将耶律大石在金朝灭辽后，于西北召集残部建立。后被成吉思汗的蒙古帝国灭亡。

辽朝灭亡后，西辽皇帝自称“葛儿罕”，意为“汗之汗”，驻地称“虎思斡耳朵”，即契丹皇帝的屯营。西辽王朝通过汗国的可汗及各部族首领管理各地，同时派沙黑纳对各地实行监督。

西夏简称“夏”，是党项族建立的国家，创建者为拓跋部的李元昊。党项早在隋代开始“归化”中原王朝，李元昊的先祖在唐代被封为夏州定难军节度使，赐姓李。

李元昊之父德明也曾被宋朝封为西平王。在西夏建国前后的10多年中，李元昊建立了一套模仿唐宋官制的官僚系统。

西夏的中书主管行政，其属有侍郎、散骑常侍、

■ 辽代官员出行图

谏议大夫、舍人、司谏等官。枢密与中书对持文武二柄，主管国家兵防边备，其属有枢密、同知、副使、佥书、承制等官。

三司主管国家财政贡赋，其属有正使、副使、盐铁使、度支使等官。御史台主管司法监察，其属有御史大夫、御史中丞、殿中御史、监察御史等官。

李元昊增设尚书令一职，总理西夏国一切庶务。尚书令是名副其实的宰相，改变了西夏早期官制中百官无首的状况。

西夏官制经过进一步调整后，改宋朝二十四司为十六司，如经略司、正统司、统军司、承旨司等。中书机构增设各部尚书、侍郎，又增设南北宣徽使及中书、学士等官。这些变化使西夏官制与中原王朝官制更为接近。

西夏除模仿中原王朝官制外，还保留了原有蕃官体系，如宁令即大王、谟宁令即诸王、祖儒即大首领、吕则即首领、枢铭即副首领等。蕃官的设置，目的在于保证党项贵族在中央政权中的主导地位。

辽代武将雕像

此外，由于宋朝与西夏的交往，有关宋朝文献中还保留不少蕃官的名号。这些称谓大多为使节名号，反映出蕃官体系在西夏与宋的交往中有重要的职能。

西夏后期官制更趋复杂，且有上、次、中、下、末五品司之分。上等司主要是对持文武二柄的中书、枢密。次等司主要是主管监察、宗教及负责宫廷、京城事务的机构。

中等司主要是管理经济的部

门和行政事务机构。下等司主要是管理边区的机构。末等司主要是管理手工制造业的机构。此外还有不入品司。

西夏王朝玉玺

西夏重视佛教，佛教中的高级职衔有帝师、国师、法师、禅师等。帝师地位仅次于皇太子，国师地位也在中书、枢密之上。

管理佛教事务的机构称功德司。有僧众功德司、出家功德司和护法功德司。3个功德司与御史台并列次等司，可见佛教在中央政权中的地位。

西夏地方行政分州、县两级。州设刺史，县设县令。除州县之外，也有府、郡设置。郡设于边防要地，多以诸王镇守，如肃州的蕃和郡、甘州的镇夷郡、五原郡、灵武郡。

府有兴庆府、西平府，号称东、西京，设官仿自宋朝。府州郡县也依据职事繁简及地理位置重要与否，分为上、次、中、下、末五等。在地方行政上，西夏仍保留较强的军事管理特色，地方官多由部落首领充任，并担任军事职务，军权与行政权常常混一。

西夏地方军有两厢12监军司的设置，即把全部地域划分为左右两厢，每厢统6个监军司，12个监军司分驻于重要州府，从而把全境分为12军区。12监军司共有兵员50余万。每一监军司设都统军、副统军、监军使各一员，例由党项贵族担任。下设指挥使、教练使、左右侍禁官等若干，由党项和汉人混合担任。

监军司长官实际上成为地方一个区域内的军政总管。西夏这种军

■ 完颜阿骨打（1068年—1123年），汉名旻。女真族。金开国皇帝。在位期间，把猛安谋克制度改为军事行政组织，颁行女真文字，对金朝灭亡辽朝、统一北方具有奠基意义。

事管理特色是当时西夏与左右强国为邻的形势决定的。

金是女真建立的国家，创建者为完颜阿骨打。金建国之初，推行勃极烈制度。勃极烈是女真语，意思是“治理众人”，据说，即清代之“贝勒”二字的异译，也就是官。

金太祖以都勃极烈称皇帝，太宗以谙版勃极烈居守。其次则有国论勃极烈，相当于宰相；左右国论勃极烈，相当于左右相，都是政府最重要的官员。所属各部长官叫孛堇，统领数部的叫忽鲁。

以后随着辖区的开拓，金官制也不断变化。勃极烈制废除后，全面采用辽、宋官制。设三师、三公、三省、六部、御史台、都元帅府、大宗正府、翰林院、太常寺等。

值得注意的是，三省并不是各自分立，门下、中书二省地位低于尚书省，长官也由尚书省官员兼任。实际上是尚书省执政，中书省和门下省隶属尚书省。到海陵王改革官制，金的官制才大致固定。

海陵王改制后，中央机构重要的特征是不设三省，以尚书一省为最高行政机构。尚书省设尚书令，是最高行政长官；左右丞相、平章政事相当于宰相，但曾一度废除；左右丞、参知政事，相当于副宰相。不过尚书令地位过高，逐渐演化为荣誉职衔，真正统领尚书省的是左丞相。

尚书省下又分左、右司，各有郎中、员外郎、都事，分管左、右司事务，并分察吏、户、礼三部和兵、刑、工三部。六部长官为尚书，下设侍郎、郎中、员外郎。地方如有重大变故，尚书省则向地方派出机构，称行台尚书省，也简称行省。

金中央其他机构大体有：与军事相关的枢密院，与监察、谏议、司法相关的御史台，与经济财政相关的机三司，与礼仪、教化、文翰等事务相关的太常寺、宣徽院、秘书监和弘文院，为皇帝家族服务的大宗正府和卫尉司。这些机构大多与宋制相同。

金地方分路、府、州、县四级。有19路，分以京为名的路和一般的路。金置五京，有中都、南京、北京、东京、西京。

以这些“京”为名的路置留守司，主管一路政务，设留守、同知留守、副留守等官。又置按察司，主管一路司法监察，设使、副使。兵马都总管府，主管一路兵马，设都总管、副都总管等官。一般的路只设都总管府，主管一路军政。

教化 是一种政治、道德和教育三者有机结合的统治术。它把政教风化、教育感化、环境影响等有形和无形的手段综合运用起来，既有皇帝的宣谕，又有各级官员面命和行为引导，还有立功德碑、树牌坊、传播通俗读物等多种形式，向人们正面灌输道理，又注意结合日常活动使人们在不知不觉中达事明理。

■西夏首领印

金代铜坐龙

路的治所称府，府设府尹、同知、少尹等官。金的地方官制较为复杂，以诸京留守司留守带本府府尹兼本路兵马都总管为第一级，诸府府尹兼都总管为第二级，诸府府尹不兼都总管为第三级。

州分节镇州、防御州、刺史州，分设节度使、防御史、刺史为长官，总领一州军政。

县一级设令、丞、主簿、尉等。与县相仿的镇、城、堡、塞，各设知镇、知城、知堡、知塞，都是从七品小官。关津路口则设巡检，负责稽查奸伪盗贼。

与州县并行的还有猛安谋克制度，这是女真内部军政合一的一种组织。金宣宗以后，猛安谋克制逐渐瓦解。

阅读链接

辽太祖耶律阿保机通汉语，任用韩知古、韩延徽、康默记等有才学的汉人为谋士，并采纳韩延徽的建策，置州县，立城郭，定赋税，模仿汉地制度来管理在战争中俘掠的大量汉人。

从此，契丹社会在奴隶制成分仍占重要比重的情况下，封建制成分得以迅速发展。他建立了一支精锐的亲军“腹心部”，确立了森严的仪卫制度。

在皇权的发展与守旧的契丹奴隶主贵族矛盾日形尖锐时，这支忠诚的军队及时出击，发挥了重要的作用。

元朝行省制与分等选官

元世祖忽必烈统一全国后，国家规模超过中原的汉唐，蒙古汗国原来的官制已不适应变化了的形势。为了行使有效的国家管理，元代统治者对中原历代王朝的官制多有借鉴，形成了颇具特色的元代官制。元朝不采用隋唐确立的三省制度，而是沿用金朝尚书省制度，更名为中书省，后简称为行省。

行省制的确立，从政治上巩固了国家统一，使中央集权在行政体制方面得到保证。这是中国行政制度的一大变革，对后世影响巨大。

■ 元世祖忽必烈画像

元朝中央最重要的机构是中书省、枢密院和御史台。

元朝没有采用隋唐确立的三省制度，而是将金尚书省更名为中书省，又称“都省”。

中书省为管理全国政务的最高行政机构，中央常派中书省宰执带相衔临时到某一地区负责行政或征伐事务。这就是元代的行省制。

中书省名义上的长官是中书令，由皇太子兼任，称行中书令或领中书令，但并不常设，元代只有4个皇太子兼任此职。实际上中书省的长官是右丞相和左丞相，总领省事，裁夺庶政。

元制尚右，右丞相地位高于左丞相。平章政事是丞相的次官，左右丞、参知政事为执政官，统称宰执。又有参议中书省事，掌管左、右司文牍，并可参决军国重事。左、右司，各设郎中、员外郎、都事等官。

中书省统领六部。六部皆设尚书、侍郎、郎中、员外郎等。六部职掌与宋朝相仿，惟兵部不掌军政，只负责邮传屯牧。元朝曾三次设立尚书省，与中书省分权，但时间都不长，所以终元之世基本上实行的是一省制。

元朝宰执官名运用十分混乱，原因是相当长时间内被用于赏功加官，到元中期恶性发展，从京官到外官，从文职到武职，往往都被授予宰执头衔，有时前面加“遥授”字样。直至元朝后期，加官宰执头衔才得到控制。

枢密院是最高统军机构。天下兵甲机密之务，无不由枢密院管理。最高长官枢密使，也不常设，实际上的长官是知枢密院事，下设同知枢密院事、枢密副使、佥枢密院事、同佥枢密院事、院判、参议等官。

元朝枢密院与宋、金枢密院略有不同，即遇有大征伐，另在用兵处分置行枢密院。行枢密院简称行院，是临时性的，事已则罢。

元朝军队分宿卫和镇戍两大系统。宿卫军又分怯薛和五卫亲军。怯薛军入元后仍然保留，处于功勋军的地位，设怯薛长，归皇帝亲自统辖。怯薛待遇优厚，元代高级军政官员多出身于怯薛。所以，官员以怯薛出身者最显贵。

镇戍军也由枢密院调动，有蒙古军、探马赤军、

怯薛 元朝的禁卫军。怯薛起源于草原部落贵族亲兵，带有浓厚的父权制色彩，后来发展成为封建制的宫廷军事官僚集团，元朝官僚阶层的核心部分。怯薛最早是由百人的贴身护卫发展为一万人的勇猛军队，包括1千名宿卫，1千名弓箭手，8千名散班。这一万怯薛军由纳牙阿统领，没有可汗的命令任何人不得调动，包括纳牙阿将军。

■ 元代文人雕像

■ 元代阿尼哥塑像

汉军、新附军，其编制为万户府、千户所、百户所、牌子四级，分别由万户、千户、百户、牌子头统率。各级军官都是世袭，地位高于文官。

御史台是最高监察机构。忽必烈曾说："中书朕左手，枢密朕右手，御史台是朕医两手的。"设官有御史大夫、御史中丞、侍御史、治书侍御史。元代御史台地位高于唐、宋，一改以往以低品位官员监察高品位官员的传统。

御史台直属机构有殿中司和内察院。殿中司设殿中侍御史，主管检查朝廷礼仪、考核京官。内察院设监察御史，主管刺探举报各种违法之事，有一定独立性，称作天子的耳目之司。

元朝还在江南、陕西分设行御史台。江南行台称南台，陕西行台称西台。江浙、江西、湖广三行省十道隶于南台，陕西、甘肃、四川、云南四行省四道隶于西台。每道设提刑按察司，后称肃政廉访司，置使、副使、佥事、经历等员。

元朝御史台奏皇帝批准后可以自选官员，这在历朝监察官的设置上是绝无仅有的，反映了元代监察制

忽必烈（1215年—1294年），即孛儿只斤·忽必烈。蒙古族。成吉思汗嫡孙。元朝的创建者。蒙古族卓越的政治家、军事家。他建立了行省制，加强中央集权。在位35年，1294年正月，在大都病逝，谥号圣德神功文武皇帝，庙号世祖。

度的特点。

元朝是一个开放型的政权，重视利用中外各种宗教加强思想统治，因此设有管理宗教事务的各种机构。最重要的是宣政院和崇福司。

宣政院设院使、副使、同知、佥院、同佥、院判、参议等官，主管全国释教僧徒及吐蕃事务。吐蕃著名佛教领袖八思巴曾为宣政院第一任总领，被尊为“帝师”“大宝法王”。如吐蕃有事，宣政院另设分院往治。

崇福司曾经一度改称崇福院，掌管也里可温即基督教事务，管理本教教士和十字寺即教堂。设官有崇福使、同知、副使、司丞、经历、都事、照磨等官。据考证，元朝有也里可温教寺院72所。

道教则由集贤院兼管。江南道教由皇帝敕封的正一道天师掌领。元朝对各种宗教寺院大加保护，主管

正一道 即五斗米教，是道教早期的重要流派。传统认为，五斗米教是张陵于东汉顺帝时在四川鹤鸣山创立。也有的学者认为，五斗米教实际上由张修在184年之前创立于汉中。道教曾对我国古代的哲学、政治、经济、科技、文化、艺术等产生过广泛而深刻的影响，成为中国古代文化的主流之一。

■ 元代玉玺

■ 元代官吏蜡像

祭祀典礼的太禧宗禋院同时负责对寺院的修缮。

元朝称“院”的机构特别多，诸如：太常礼仪院掌管礼乐、祭享宗庙社稷、封赠谥号等事；太史院掌管天文历法之事；太医院掌管医药和各种医药机构，同时制奉御用医药；通政院掌管全国驿站，后分置大都、上都两院；中政院掌管皇后宫中财政、营造、供给；翰林兼国史院负责拟写诏令，纂修国史；集贤院负责学校和征集人才，同时兼管道教、阴阳、占卜等事。

占卜 意指用龟壳、铜钱、竹签、纸牌或星象等手段和征兆来推断未来吉凶祸福的迷信手法。原始民族对于事物的发展缺乏足够的认识，因而借由自然界的征兆来指示行动。占卜是一种普世文化现象，人类学家发现从古代到今都可以在宗教与文化中发现占卜的存在。

此外，还有称“府”“寺”“监”“司”的机构。称“府”的有大宗正府，设扎鲁忽赤若干，由诸王为之长，掌管治理诸王、驸马以下蒙古、色目人的刑名诉讼，也兼管蒙、汉相关的刑狱。

称“寺”的机构设卿、少卿。多为主管斡耳朵的机构。如长庆寺、长秋寺、承徽寺、长宁寺、延徽寺等。蒙元皇帝、皇后的斡耳朵各有私产和人户，死后由亲族继承。此外还有武备寺、太仆寺、尚乘寺等。元朝不设大理寺，以其职掌归入御史台。

称“监”的机构有太府监，设太卿、太监、少监，掌管财务库藏。都水监，设监、少监、丞，掌管河堤渠防。秘书监，设卿、太监、少监，掌管图书。

司天监，设提点、监、少监，掌管历象研究及教学；回回司天监是少数民族星象学者观察天象的专门机构。

称“司”的机构有大司农司，设大司农、卿、少卿，掌管农桑、水利及赈济之事。大都留守司，设留守、同知、副守，掌守卫京城。

元朝地方有两个系统，一是行省系统，一是土司系统。

行省就是行中书省，也简称省。元朝以大都为都城，称河北、山东、山西之地为“腹里”，直属中书省管辖。腹里之外，分设岭北、辽阳、河南、陕西、甘肃、四川、云南、湖广、江西、江浙等10个行省。

行省是中书省分出来的地方最高一级行政机构，设官同中书省，亦有丞相、平章、左右丞、参知政事、郎中、员外郎、都事等。这种制度是从金朝学来的，金朝叫行尚书省，是临时的，不常设；元代定型为常设的机构。

以后，行省又演化为大行政区的代名词。明、清时候，行省作为官署名不复存在，但作为大行政区的代名词则沿用下来。行省下是路、府、州、县。

阴阳 源自古代中国人民的自然观。古人观察到自然界中各种对立又相联的大自然现象，如天地、日月、昼夜、寒暑、男女、上下等，以哲学的思想方式，归纳出“阴阳”的概念。早至春秋时代的易传以及老子的道德经都有提到阴阳。阴阳理论已经渗透到中国传统文化的方方面面，包括宗教、哲学、历法、中医、书法、建筑堪舆、占卜等。

■ 元代官吏蜡像

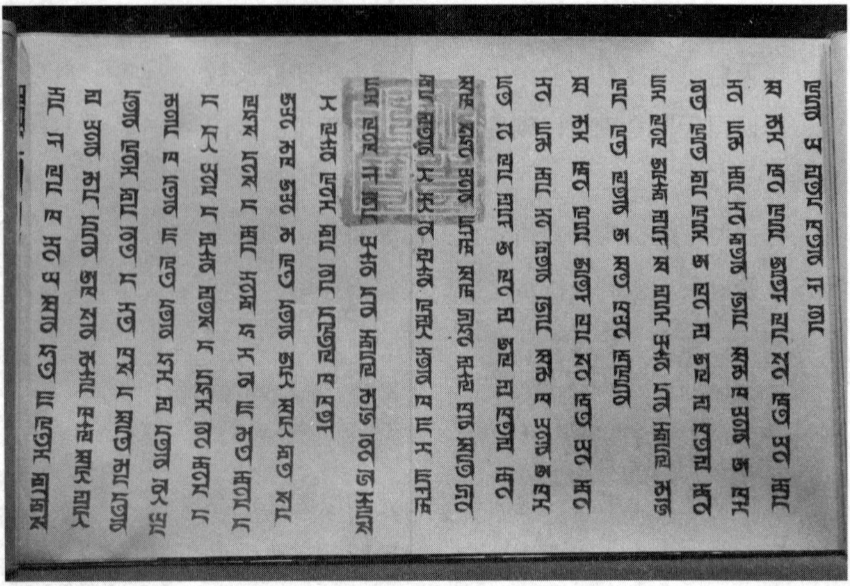

■ 元顺帝圣旨

江南 在历史上江南是一个文教发达、美丽富庶的地区，它反映了古代人民对美好生活的向往，是人们心目中的世外桃源。从古至今“江南”一直是个不断变化、富有伸缩性的地域概念。江南，意为长江之南面。在古代，江南往往代表着繁荣发达的文化教育和美丽富庶的水乡景象，区域大致为长江中下游南岸的地区。

路分上路和下路，满10万户为上路，不及10万户为下路，地理位置重要的地方，不论人口数都可置上路。路设总管府，长官称达鲁花赤，次官为总管。下有同知、治中、判官、推官等官，下辖儒学、司狱司、织染局、杂造局、录事司等分管各项专门事务的部门。

府的设置不普遍，有的直属中书省，有的隶属行省，有的隶属路。府之下有的直辖州县，有的不辖州县。府设达鲁花赤、知府或府尹为长官，又有同知、判官、推官、知事、提控案牍等员分管各项具体事务。

州按所辖民户多少分为三等，江南、江北标准不一。江南5万户以上为上州，3万户以上为中州，不及3万户为下州。江北1.5万户以上为上州，6000户以上为中州，不及6000户为下州。州设达鲁花赤、知州为长官，其他设官如同府制。

县也按所辖民户多少分为三等。江南按照3万户以上、1万户以上、1万户以下划为上、中、下县。江北以6000户以上、2000户以上、2000户以下划为上、中、下县。

县设达鲁花赤为长官，下设县尹、县丞、主簿、尉、典史等官。在比较重要的地方设巡检司，如浙江行省泉州路设有澎湖巡检司，管辖澎湖、琉球等地。

元朝土司系统设置于边陲少数民族地区。有宣慰司、宣抚司、安抚司、招讨司、元帅府、万户府、千户所等机构，对应设有宣慰使、宣抚使、安抚使、招讨使、元帅、万户、千户等官，由少数民族首领担任。有的土司设在行省之内，如湖广、云南、辽阳等行省；有的设在行省之外，如维吾尔、吐蕃等。

元朝土司的设置，是唐朝羁縻州县的进一步制度

琉球 是指我国的台湾省。三国时称“夷洲”；隋朝称“流求”；宋朝称“毗舍那”“毗舍耶”；元朝称“琉球”，并设澎湖巡检司，管辖澎湖和琉球；明称“东番”“鸡笼山”“北港”“笨港”“台窝湾”等，万历年间始有“台湾”之称。

■ 元大都壁画

南人　元朝统一中国之后，元世祖忽必烈把全国人民按照被征服的顺序划分为四等人，依次为蒙古人、色目人、汉人和南人。南人指原南宋统治下的汉人以及当地各土著民族人民，一般是指淮河以南的原南宋境内的人民。

化，以后为明、清两朝继承下来，对巩固祖国的统一很有作用。

元朝以蒙古族为统治民族，把人户分为蒙古人、色目人、汉人、南人四等。四等人户在政治待遇上显分优劣，从中央官到地方官的设置上都有突出的反映。高级官员基本上为世袭蒙古、色目贵族和极少数汉人官僚所垄断，而汉人官僚也往往充任副职。

元朝非蒙古人做丞相的只有3人。御史台也是一样。至于地方行中书省长官丞相、平章政事，更是非蒙古人不任。

元朝还有一个特殊的官名“达鲁花赤”，是蒙古语“镇守者”的音译，按规定由蒙古人或色目人担任。中央许多机构，地方路、府、州、县，非蒙古军的万户府、千户所，都设有此官。达鲁花赤的设置，

■ 元代宴居图壁画

也体现了强化蒙古贵族统治的特点。

■ 元代贵族服饰

元朝官员的俸禄主要由俸钞和职田构成。和宋、金相比，支俸项目已大为简化。大体上，中央和行省、行台、宣慰司等官吏的收入全用俸钞支付，这是前所未有的，也是元代俸禄制度的一个重要特点；府、州、县供职的官吏领取的是俸钱及职田的租入。

元朝官员是通过科举制和怯薛制来选拔，其中主要是通过科举制。

元朝科举采取两榜取士制，它体现了元代的民族政策。所谓“两榜取士”，就是蒙古人、色目人为右榜，汉人、南人为左榜。在实际录取中，右榜必取蒙古人为第一，左榜必取汉人为第一。

从某种意义上讲，元朝科举对少数民族的优惠，从客观上又促进了他们学习汉族文化，参与科举的信心及行动，有利于民族间的相互融合。

元朝官吏的入仕有多种途径，故而使科举在选拔官吏的问题上已经不重要，从而导致录取员额减少。元朝共行科举15次，录取文士千余人，仅为唐宋时的十分之一左右。

另外，当时许多蒙古权贵对科举制度存在着或多或少的偏见与敌视，也是这一制度未能尽早实行，且又出现中辍的情况。

理学 可以指古代的理学，也可以指现代自然科学的理学。古代的理学是指宋朝以后的新儒学。宋元明清时期的哲学思潮。又称道学。它产生于北宋，盛行于南宋与元、明时代，清中期以后逐渐衰落，但其影响一直延续到近代。

在选拔官员的标准上，元朝将中原的理学作为评判标准。这使程朱理学变为元朝官方承认的正统之学，并对后世理学的发展，产生了极大的影响。

除科举制之外，元朝官吏选拔的途径怯薛制，即担任皇帝的护卫，由此外方居官，能够担任怯薛的大多是权贵子弟，多是蒙古人、色目人。汉人也有，但为数很少。

通过推荐征辟得官的多是汉人、南人，后来忽必烈设立御史台、行御史台，御史台的主要职能即使监察和举荐人才。翰林院也常有举荐人才之举。

此外，儒户出身者也可任官。儒户的义务就是出读书之人去书院读书，学满后可以升任山长，即县府的教官。不过这类的很少转迁他官。国子生优异的也可以推荐任官，如苏天爵，但这类名额很少。

阅读链接

元世祖忽必烈善于任用能人异士是出了名的，他除了重用有才能的人，还能做到人尽其用。

来自意大利的世界著名的旅行家和商人马可·波罗在中国游历了17年，跟元世祖的知人善用有关。

马可·波罗于1275年来华后，立即受到元世祖的礼遇和重用，并先后代表元政府出使过波斯、印度、安南等地，在扬州任官3年。

马可·波罗是第一个遍游中国及其他亚洲国家的意大利人，并留下了一部《马可波罗游记》，把中国介绍给了世界。

近世时期

量才录用

明清两代是我国历史上的近世时期。明清时期的官制体系，使专制主义中央集权得到了不断加强，君权得到了空前强化。

明朝内阁是君权强化的产物，而清朝军机处是强化中央集权的继续。明清官制表明，封建制度仅靠正常的统治措施已经无法维持下去，只好依靠强权、用皇权的绝对化及特务机构来进一步加强对人民的镇压和从思想上去控制，它反映了封建制度逐渐衰落的趋势。

明朝任官制和选官制

明朝官吏的选任制度，是明朝政治制度的重要组成部分。包括任官制度和选官制度，涉及中枢官制、地方官制和军事官制三部分。

明朝在中央首创内阁，并使之成为六部之上的最高行政机构；在地方上共设省、府、县三级行政机构；在军事上设锦衣卫，武官第一次掌有监察百官万民之权。明朝官制影响一直延续到清朝。

■ 明太祖朱元璋画像

■ 明代时期“状元及第”匾

明朝在中央官制中，明太祖朱元璋废除元代中书省，罢丞相不设，重新进行调整，形成了以六部为主干，设府、院、寺、司分理政务的行政格局。

六部直属皇帝，成为中央主理政务的最高一级权力机关。六部长官是尚书，次官是左、右侍郎，也称正官或堂上官。

司又称清吏司，设郎中、员外郎、主事，同为属官。郎中视为正郎，员外郎视为副郎。又设司务为首领官，负责部内庶务。

六部按其序列是吏部、户部、礼部、兵部、刑部、工部。

吏部下设文选、验封、稽勋、考功四司。吏部尚书通常称为天官、冢宰、冢宰、太宰，负责掌管官员的任免、封赏、考核等，为正二品。

户部下设13司，司名与明代地方13省区的名称

明太祖（1328年—1398年），字国瑞。原名重八，后取名兴宗。濠州钟离人。明朝开国皇帝。在位期间，为进一步加强中央集权，设承宣布政使司、提刑按察使司、都指挥使司三司分掌权力。

明朝皇宫场景蜡像

相对应。户部尚书别称大司农，负责掌管全国户口、田赋、版籍、岁会、赋役实征等政策与政令，为正二品。

礼部下设仪制、祠祭、主客、精膳四司。礼部尚书别称大宗伯，左右侍郎称少宗伯，负责掌管全国的礼仪、祭祀、宴飨、贡举、外交等政令，为正二品。

兵部下设武选、职方、车驾、武库四司。兵部尚书别称大司马，负责掌管全国卫所军官的选拔授予、训练、车辆、武器管理等政令，为正二品。

刑部下设13司，司名与户部相同。刑部尚书别称大司寇，负责掌管全国的刑名、徒隶、考核、关禁等政令，为正二品。刑部的都察院前身是御史台，1380年改为督察院。督察院是最高监察机构。

工部下设营缮、虞衡、都水、屯田四司。工部尚书别称司空，负责掌管全国的百官、山泽、营缮、采捕、陶冶、舟车、织造、屯种等政令，为正二品。

除六部以外，还有通政使司。这是明朝创设的机构，主要掌管出纳帝命，受理内外章疏，被称作天子的“喉舌之司”。

设通政使、左右通政、左右参议等正官。七卿加上大理寺卿、通政使，合称“九卿”。

明朝内阁为明朝首创。明太祖废丞相后，当时很难直接指挥六部百司，亲裁独断，所以必须搞个“秘书处”，帮助他处理政事。

这就是内阁。阁指文渊阁，在午门之内，文华殿南面，因地处宫内，阁臣又常侍皇帝于殿阁之下，避宰相之名，故称内阁。

与内阁关系密切的有两类机构。一类是中书科、尚宝司、六科。中书科设中书舍人，承办书写事务。尚宝司设卿、少卿、司丞，掌管印玺信物。六科是吏、户、礼、兵、刑、工六科的简称。

各科设都给事中、左右给事中、给事中。其中的给事中又与御史合称科道官、台省官、言官、台琐清班，颇能左右朝政，在明代政治舞台上是一支十分活跃的力量。

朱元璋与大臣蜡像

锦衣卫木印

另一类机构是翰林院、詹事府。翰林院是朝廷专司笔札文翰之事的机构，负责制诰、修史、文翰等事，设学士、侍读学士、侍讲学士、侍读、侍讲、《五经》博士、典籍、侍书、待诏等官。

詹事府是辅导皇太子的机构，设詹事、少詹事、府丞等正官，下设左右春坊和司经局。翰林院和詹事府的官员常不全设，往往互兼，均受内阁提调。

明初曾经设中书省，有左、右丞相。1380年，明太祖因胡惟庸案罢中书省，分中书省之权归于六部。原中书省官属尽革，唯存中书舍人。

明初军制为“卫”和“所”，每卫辖正规军士约5000人，其下设所，分为千户所和百户所，京城的禁卫军所辖卫所为48处。

1382年，朱元璋改革禁卫军，建立了12个亲军卫，其中最重要的就是“锦衣卫”。

锦衣卫全称“锦衣亲军都指挥使司”。锦衣卫由将军、校尉和力士组成。将军初名“天武”，后改称“大汉将军”，选取体貌雄伟、有勇力者充任，作为殿廷卫士。校尉、力士拣选民间身体健康、没有前科的男子充任，校尉掌管卤簿、伞盖，力士举持金鼓、旗帜。

“巡查缉捕”是锦衣卫区别于其他各朝禁卫军的特殊之处，负责侦缉刑事的锦衣卫机构是南、北镇抚司，其中北镇抚司是洪武十五年添设，专理皇帝钦定案件。

成化元年，增铸北镇抚司印信，一切刑狱不必关白本卫。北镇抚司拥有自己的诏狱，可以自行逮捕、刑讯、处决，不必经过一般司法机构。

“太监”一词，在明朝是指最高一级宦官。明朝宦官机构称24衙门，由12监四司八局组成。宦官的官职有掌印太监、提督太监、秉笔太监和随堂太监。明朝宦官机构之庞大，设置之完备，是空前绝后的，并足以与官僚机构相匹敌。

明朝地方省级组织设都、布、按三司。布，指承宣布政使司，简称布政司，主管一省民政、财政。设左右布政使、左右参议、左右参政等正官。

按，指提刑按察使司，简称按察司，主管一省司法和监察。设按察使、副使、佥事等正官。都，指都指挥使司，简称都司，是军事编制，如东北部的奴儿干都司及其卫所，朵甘和乌斯藏都指挥使司等。三司

奴儿干都司 全称奴儿干都指挥使司，一作奴尔干都指挥使司，明官署名。是明成祖朱棣时在东北黑龙江出海口一带，今俄罗斯境内所设立的一军事统治机构。辖区东至海，东北包有库页岛，西至斡难河，南接图们江，北抵外兴安岭。

■ 江南贡院明代举子考试雕塑

古代考场

分理地方军政事务，替中央承宣布政。

省级以下分府、州、县三级，既是行政区，又是官署名。其中州有散州和直隶州之分。散州也称属州。府、州、县各设知府、知州、知县为长官。明代通过督抚加强对府、州、县的控制。

明朝地方还设有各种专务机构。都转运盐使司和盐课提举司掌管盐政。行太仆寺、苑马寺，是管理马政的机构。市舶提举司简称市舶司，设于广东、福建、浙江等省，为掌管海外各国贡使朝贡互市的机构。

公、侯、伯 我国古代五等爵中的前三等，后两个等级为子、男。明代封爵虽仍分为宗室和异姓两类，但具体爵称有较大变动。明初时，公享五千石至二千五百石，侯享千五百石至千石，伯享千石至七百石。后又有所变化。

明朝文官品级分为九品正从十级。武官分六品正从12级。散官有文散、武散之分。文散共42阶，正二品至从四品。武散从正一品到从六品，共30阶。勋官有文勋、武勋之分。文勋从正一品至从五品，共10等。武勋从正一品至从六品，共12等。

宗室封爵有亲王、郡王、镇国将军、辅国将军、奉国将军、镇国中尉、辅国中尉、奉国中尉8等。功臣、外戚封爵有公、侯、伯3等。

宗室百官的俸禄以石计算。最初宗室给禄米，以后又间以给钞。百官俸禄米钞兼支。官员兼职，俸禄随之增加。但兼官多为高级官吏，中下层官吏往往因俸禄折钱，钞值日跌，实际收入降低。总的来说，明代官吏的待遇在历朝中是最低的。

明朝统治者十分重视整顿和恢复礼制，在严格的等级观念指导下，制定出一套官服制度。

文官一品仙鹤，二品锦鸡，三品孔雀，四品云雁，五品白鹇，六品鹭鸶，七品鸂鶒，八品黄鹂，九品鹌鹑。杂职练鹊。风宪官即御史官獬廌。武官一品和二品狮子，三品和四品虎豹，五品熊罴，六品和七品彪，八品犀牛，九品海马。

八股 即八股文，也称时文、制艺、制义、八比文、四书文，是中国明、清两朝考试制度所规定的一种特殊文体。八股文专讲形式、没有内容，文章的每个段落死守在固定的格式里面，连字数都有一定的限制，人们只是按照题目的字义敷衍成文。

■ 古代考试雕像

此外，品官常服需用杂色纻丝、绫罗、彩绣。官吏衣服、帐幔，不许用玄、黄、紫三色，并织绣龙凤文，违者罪及染造之人。朝见人员，四时并用色衣，不许纯素。若朝贺、谢恩、见辞，一律穿官服。

明朝选拔官员，有科举、荐举、吏士3种途径。不过一般来说，明朝最重视的是科举这一途径，而其中最重视的则是进士科，并通过八股取士。

明朝正式科举考试分为乡试、会试、殿试3级。

乡试是由南、北直隶和各布政使司举行的地方考试。地点在南、北京府、布政使司驻地。每3年一次，逢子、午、卯、酉年举行，又叫乡闱。考试的试场称为贡院。

考期在秋季，故又称秋闱。凡本省科举生员与监生均可应考。主持乡试的有主考2人，同考4人，提调1人，其他官员若干人。考试分3场，乡试考中的称举人，俗称孝廉，第一名称解元。

会试是由礼部主持的全国考试，又称礼闱。于乡试的第二年即逢辰、戌、未年举行。全国举人在京师会试，考期在春季二月，故称春闱。

会试也分3场，由于会试是较高一级的考试，同考官的人数比乡试多一倍。主考、同考以及提调等官，都由较高级的官员担任。主考官称总裁，又称座主或座师。考中的称贡士，俗称出贡，别称明经，第一名称会元。

殿试在会师后当年举行，应试者为贡士。贡士在殿试中均不落榜，只是由皇帝重新安排名次。殿试由皇帝新自主持，只考时务策一道。殿试毕，次日读卷，又次日放榜。

录取分三甲：一甲三名，赐进士及第，第一名称状元、鼎元，二名榜眼，三名探花，合称三鼎甲。二甲赐进士出身，三甲赐同进士出身。二、三甲第一名皆称传胪。一、二、三甲通称进士。进士榜称甲榜，或称甲科。进士榜用黄纸书写，故叫黄甲，也称金榜，中进士称金榜题名。

乡试第一名叫解元，会试第一名叫会元，加上殿试一甲第一名的状元，合称三元。连中三元，是科举场中的佳话。明代连中三元者仅商辂一人而已。

殿试之后，状元授翰林院修撰，榜眼、探花授编修。其余进士经过考试合格者，叫翰林院庶吉士。3年后考试合格者，分别授予翰林院编修、检讨等官，其余分发各部任主事等职，或以知县优先委用，称为散馆。庶吉士出身的人升迁很快，明英宗以后，朝廷形成非进士不入翰林，非翰林不入内阁的局面。

阅读链接

朱元璋在组织人才班底时，很注意文武搭配。他认为：打天下好比是盖房子，砍伐搭建、购置材料，需要武将，而装修粉饰需要文臣，如果只有文臣而没有武将，就好像房子没有盖成，就想着粉刷一样；而反过来只有武将而没有文臣，就好像有了房子，但是没有装修，还是不能住人。

所以治理天下用人要注意文武兼备，这样才能把事情办好。因此，朱元璋武有能征惯战的徐达、常遇春等人为他冲锋陷阵，文有刘伯温、朱升等人为他出谋划策。

清朝对旧制稍加厘革

清朝是我国历史上最后一个封建王朝，为加强中央集权，削弱、分化大臣权利，以防权臣篡位，建立了一套有别于以前各朝的官制。

清初官制大体承明之旧，只是对旧制中突出的弊端稍加厘革。直至雍正、乾隆时候，才逐步调整并稳定下来。

清朝官制包括中央、地方和军事方面的官制，以及相应的官员选拔制度等。

■ 清太宗皇太极画像

清朝中央官职分中枢部、佐理部和帝室部3类，包括内阁、军机处、六部等。

清朝内阁沿袭于明朝。入关前，皇太极曾创设文馆，是为内阁的雏形。后来又把文馆扩展为内三院，即内国史院、内秘书院和内弘文院，负责起草文书、撰拟诏令、编纂史书、颁布制度。入关后仍设内三院，1658年开始称内阁。3年后复改内三院。

康熙时期的内阁，设大学士、协办大学士、学士，俱满、汉分授。大学士仍冠以殿阁之名。内阁虽居百官之首，但权力又逊于明朝。

清朝官吏像

雍正时期的内阁改名军机处，军机处本是秉承皇帝意旨指示军事机宜的机构。清高宗即位，改名总理处，后仍复旧名。

军机处设军机大臣和军机章京，均为兼职。军机大臣的全称叫军机处行走，或军机大臣上行走，初入军机处或资历浅者则称在军机大臣上学习行走，历事一段时间后，再去掉“学习”两字。

在军机处任职的官员称为军机大臣，统称大军

皇太极（1592年—1643年），亦作皇太子、洪太极、黄台吉，爱新觉罗氏。满族。清太祖努尔哈赤第八子。他在位期间，整顿内政，对外开疆，是清朝实际上的开国皇帝。

■ 清朝科举考试蜡像

机。军机大臣的僚属称为军机章京，又称小军机。军机大臣由皇帝从满、汉大学士和各部、院、寺长官中选拔，或由军机章京升任。军机大臣之间无统属关系，以品高资深者为班首。

军机处总的职责是掌军国大政。自军机处成立后，皇帝对中央及地方机构或官吏有所指示，都由军机处起草谕旨，皇帝阅定后，可以公开宣示的交内阁颁发，称作明发；机密的或个别谕行的由军机处封寄，称作廷寄。一切秉承皇帝的意志行事，钦承宸断，表明君主集权达到空前的高度。

如果说明朝中期内阁首辅多少还保留一点宰相权势的话，那么清代的内阁和军机处，则彻底消除了历史上宰相制度的影响。明朝时为了进一步集权而不设宰相、中书省等机构，宰相的权利转移到内阁，由内阁来处理国家政务。

清朝继承了这一做法，内阁的首辅大学士以及协办大学士都被称为中堂，即宰相的别称，但实权则由军机处掌握。

清朝沿袭明朝传统，设吏、户、礼、兵、刑、工六部，管部的大学士及尚书、侍郎等各部长官称堂官，部下属各司的郎中、员外郎、主事以及主事以下的七品小京官称为司官。

宰相 是辅助帝王掌管国事的最高官员的统称。宰相最早起源于春秋时期。管仲就是我国历史上第一位杰出的宰相。到了战国时期，宰相的职位在各个诸侯国都建立了起来。宰相位高权重，甚至受到皇帝的尊重。“宰”的意思是主宰，“相”本为相礼之人，字意有辅佐之意。

在六部之外和六部并立的中央行政机构有：大理寺、太常寺、光禄寺、太仆寺、鸿胪寺、国子监、钦天监、翰林院、太医院、理藩院、宗人府、詹事府、内务府。

摔角 摔角不是摔跤，这里的"角"包括拳打、脚踢、肘击、抛摔等几乎所有徒手格斗的技法。因此，摔角当属更原始、更随意、更火爆、更刺激的搏击。清代守卫京师的善扑营就专门练习摔角。

六部之设，与明朝相同。但有三点变化。一是六部之官为复职，即有一汉员，必有一满员。尚书、侍郎如此，司官也是如此；二是所属机构有部分调整。如户部下设14司，刑部下设18司；三是职权小于明朝六部。如吏部的一部分人事权划归军机处。

清朝军队主要分八旗和绿营两个系统。八旗又分京营和驻防两部分，京营中侍卫皇帝的称为亲军，由侍卫处领侍卫内大臣和御前大臣分掌，而御前大臣持掌乾清门侍卫和皇帝出行随扈，权位尤重。

■ 清代科举监考官员蜡像

守卫京师的有骁骑营、前锋营、护军营、步兵营、健锐营、火器营、神机营、虎枪营、善扑营等。骁骑营由八旗都统直辖；前锋营、护军营、步兵营各设统领管辖；健锐营、火器营、神机营由于都是特种兵，设掌印总统大臣或管理大臣管辖；虎枪营专任扈从、围猎等，设总统管辖；善扑营则专门练习摔角。

驻防八旗驻扎于全国各重要之地，视情况不同设将军、都统、副都统、城守尉、防守尉等官。内地将军

清朝玉玺

等只管军事，而驻扎边疆的将军等要兼管民政。清朝的将军是满官的称号，战时则任命亲王为大将军。

绿营即汉兵，驻扎京师的称巡捕营，归步军统领管辖。绿营的建制分标、协、营、汛几级，标又分为督标、抚标、提标、镇标、军标、河标、漕标等，分别由总督、巡抚、提督、总兵、八旗驻防将军、河道总督、漕运总督统率。

督标、抚标、军标、河标、漕标都是兼辖，实际各省绿营独立组织为提标、镇标，提督实为一省的最高武官，总兵略低于提督。总兵以下，副将所属为协，参将、游击、都司、守备所属为营，千总、把总、外委所属为汛。

清朝沿袭明朝设都察院，左都御史、左副都御史为监察院长官，右都御史、右副都御史则为总督、巡抚的加衔。但清代都察院的左右都御史、左右副都御史均为复职。

都察院按省区分为若干道，每道设掌印御史和一般御史。清朝各道与明朝最大的不同是御史出巡制度废革。顺治时，还因临时需要设过巡按御史、两江御史、巡田御史及巡盐御史，均不属于道，行之不久，即行罢革。以后虽偶有差派在京御史巡察各地，但规模小，时间短，不成制度。

八旗 是清朝的一种社会组织形式。在平时，人们从事耕作、狩猎等活动；在战时则应征为兵，起源于女真族的狩猎组织牛录。努尔哈赤起初将自己的军队分编为正黄、正白、正红、正蓝四旗。随军队壮大，又将四旗加上边框，成为“镶黄旗”等，形成八旗。

清朝在京师中、东、西、南、北五城各设有一个察院，其长官称巡城御史，由给事中、御史中间派，一年一更替。五城兵马司各设指挥、副指挥等官。各城察院和兵马司，分管本城区的治安。

清朝增设宗室御史处、稽查内务府御史处，分别监察宗人府和内务府的事务。都察院与刑部、大理寺仍称三法司。都御史与六部尚书合称七卿。七卿的设置与明朝相同。

清朝地方官职大致分省、府、县三级。总督、巡抚为掌握行政、军事、监察大权的高级地方官员，布政、按察两使为督、抚的属官。与督、抚平行的有驻防将军和提督学政，不过驻防将军只管八旗驻军；提督学政只管学校与科举考试，其权力是不能与督、抚相比的。

省以下为府，设知府、同知、通判等官，与府平行有直隶厅，设同知、通判。府以下为县，设知县、县丞、主簿等官，与县平行的为散厅，设置同直隶厅。在少数民族地区则设专门机构管理，即土司。

清朝在边区设将军、都统、大臣等官。在关外东北地区设盛京将军、吉林将军、黑龙江将军。盛京将军兼管奉天府尹。吉林将军、黑

清代官服

■ 科举及第匾额

龙江将军下有副都统，协助将军管理军民事务。在内蒙古设察哈尔都统、热河都统、绥远将军和归化城副都统，下分科尔沁等24部49旗。

在新疆地区设伊犁将军为最高官位。各地又设都统，办事大臣，参赞大臣，领队大臣，如吐鲁番领队大臣、英吉沙尔领队大臣等。1884年，新疆改行省，设巡抚，仅保留伊犁将军和塔尔巴哈台参赞大臣。新疆北疆称天山额鲁特，分5部13旗，编为5盟。

各设盟长、副盟长，由同盟之扎萨克选任。南疆各城设各级伯克，伯克是维吾尔族对官员的称谓，最高为阿奇木伯克，其次是伊什罕伯克。建行省后，各城改为府、县，仅保留阿奇木伯克、伊什罕伯克，其余名目伯克均被裁革。

在西藏设办事大臣，初设两人，后改办事大臣一人，帮办大臣一人。西藏办事大臣简称驻藏大臣。驻藏大臣与达赖、班禅额尔德尼共管西藏事务。

上述边区的将军、都统、大臣，都由皇帝从满族贵族中选派，秉承皇帝意旨行事，其职权与内地总督相似。此外，清朝还在云南、贵州、广西、四川、西藏、甘肃、青海七省少数民族地区设土官，以当地少数民族首领担任。

巡抚 官名。我国明清时地方军政大员之一。又称抚台。巡视各地的军政、民政大臣。清代巡抚主管一省军政、民政。以“巡行天下，抚军按民”而名。清代巡抚是一省最高军政长官具有处理全省民政、司法、监察及指挥军事大权。

清初文武官员的品秩与明代相同，1786年统一为九品正从18级。九品之外，称未入流。

除品级外，文武官遇覃恩又有封阶。文官18阶，1至10阶称某某大夫，11至18阶称某某郎。武官封阶，初分3个系统。一为公、侯、伯，封光禄大夫，后改建威将军；一为八旗，有9阶；一为绿营，有12阶。乾隆时统一为18阶，1至4阶称某某将军，5至8阶称某某都尉，9至14阶称某某骑尉，15至18阶称某某校尉。文武大臣还有加官，为三公三孤，制与明同。

班禅额尔德尼 在藏传佛教格鲁派中，与达赖并称，班禅是梵文“班智达”，意为博学和藏文“禅波”，意为大的简称。1713年，清朝康熙帝封五世班禅为“班禅额尔德尼”，并加封以前各世班禅，从此这一活佛系统得此封号。

清朝的爵位是世袭之号。乾隆时规定，宗室封爵为14等：和硕亲王、世子、多罗郡王、长子、多罗贝勒、固山贝子、镇国公、辅国公、不入八分镇国公、不入八分辅国公、镇国将军、辅国将军、奉国将军、奉恩将军。世子、长子候袭亲王、郡王，实际上只有12等。

清朝宗室、百官俸禄分银、米两种，以宗宰封爵和官员品级高低为标准，称正俸。

在外武官不支米，另外有丰厚的薪银。在正俸之

■ 清朝官员蜡像

清代武职官服补子

外，还有恩俸、养廉、津贴、公费等，也是官员的合法收入。

清朝官员人才选拔首先是通过科举取士。汉人只能通过科举而取仕当官。其次是八旗在编人员或者皇室成员顶职取仕。这种方法主要针对满族人，因为满族人除了通过科举还可以“顶职取仕”。

也就是说，在编的那些“吃皇粮的”优先。最著名的就是和珅，当初是八旗在编人员，并未参加科举取士，但等到了工作年龄，便借上辈功劳入仕了。最后就是通过高官举荐为仕。这种方法主要针对的是清朝决策层的高官。

阅读链接

康熙主张“奸人用，忠良也用。有能者用，无能者也用；仁为用，威武用。天下人皆为吾用也”，这使得每个有才德、有才无德乃至无才无德的人都极尽所能地为其所用。

剪除鳌拜时他用魏东、亭索额、图明珠；平定三藩时用周培公、图海；平台作战中用姚启圣、施琅、李光地等。究其用人精髓，不外三点：一是重用汉臣，二是恩威并施，三是忠奸尽收。

正因为康熙在用人上有独到之处，才为“康乾盛世”打下了良好的基础。